いちばんやさしい ブロックチェーンの教本

人気講師が教える ビットコインを支える仕組み

インプレス

著者プロフィール

杉井靖典（すぎいやすのり）

カレンシーポート株式会社
代表取締役

一般社団法人ブロックチェーン推進協会（BCCC）
副代表理事

商用インターネット黎明期より、Web・IT分野の幅広い事業に携わる。So-net、Usen、NTT-X、サイバード、ザッパラスなど、在籍した企業ではプロデューサー、ディレクターとしてインターネットメディア事業、デジタルコンテンツ事業、EC・流通プラットフォーム事業などの企画開発を手掛ける。その後、EC流通支援事業の会社、デジタルコンテンツ流通事業の会社など複数の起業経験と失敗経験の両方を持ち、紆余曲折を経てカレンシーポートを創業。ブロックチェーンの実装案件では国内トップクラスの実績を持つほか、経済産業省、日本銀行、全国銀行協会などでも有識者としてアドバイスを行っている。

●購入者限定特典　電子版の無料ダウンロード

本書の全文の電子版（PDFファイル）を以下のURLから無料でダウンロードいただけます。

ダウンロードURL：**http://book.impress.co.jp/books/1116101128**

※画面の指示に従って操作してください。
※ダウンロードには、無料の読者会員システム「CLUB Impress」への登録が必要となります。
※本特典の利用は、書籍をご購入いただいた方に限ります。

本書は、2017年7月時点での情報を掲載しています。
本文内の製品名およびサービス名は、一般に各開発メーカーおよびサービス提供元の登録商標または商標です。
なお、本文中にはTMおよび®マークは明記していません。

はじめに

ブロックチェーンとはなにか？ これをやさしく解説するのは至難の業といえます。「ブロックチェーンは奥深く難しい」のです。仮想通貨やフィンテックの文脈で語られることが多いので、なんとなく「金融関連の基盤技術だろう」と思っている人もいるでしょう。あるいは「分散台帳技術だ」という人もいそうです。または「ブロックが連なるように情報を記録していくデータベースの一種だ」という人もいるかもしれません。これらは、いずれも正解です。

ブロックチェーンは、なにか1つのアプリケーションとか、フレームワークに特化して、その作法を覚えればいい類の技術ではありません。暗号やデータ構造、P2P通信や分散システム、分散合意など、それぞれの要素だけでも専門書が1冊書けるような話が相互に絡まりあい、全体として、たった1つの目的である「取引帳簿の革命」をなす複雑系の話をする必要があるのです。

本書は、この難しい話を、技術畑以外の人でも理解しやすいように「ページの行き来は最小限にして、はじめから順に読んでいける。技術用語にはなるべく解説を入れる」という方針で解説を試みたものです。第1章でブロックチェーンとはなにかを端的に紹介し、第2章でビットコインの体験をします。そして第3章で暗号技術、第4章で分散ネットワークと、少々難しい話が続きます。しかしこれを押さえておかないと、第5章から第7章のブロックチェーン技術の解説が理解不能になるのです。

本書を読めば、ブロックチェーンとはなにかがわかるはずですが、読者の目的によって必要な情報は異なるでしょう。ブロックチェーンの特徴を知り、ビジネスに応用したいという人なら第1章、第2章と第7章、そして活用事例の第8章を読めばいいかもしれません。しかし「なぜそうなるの？」をきちんと知りたい人には、第3章～第6章で解説している暗号やトランザクションの知識が絶対に欠かせません。

超入門書か高度な専門書が多数を占めるブロックチェーン関連書籍市場のなかで、ブロックチェーンの全体像を基礎からしっかり学び、知識体力がつく本としてみなさまのお役に立てれば幸甚です。

2017年夏　杉井靖典

いちばん やさしい ブロックチェーンの教本

人気講師が教える ビットコインを支える仕組み

Contents 目次

著者プロフィール……………………002
はじめに………………………………003
索引……………………………………221

Chapter 1 ブロックチェーンとはなにかを知ろう　page 11

- Lesson 01 ［ブロックチェーンのインパクト］
  なぜブロックチェーンが注目の技術だといわれるのか？……………… 12
- Lesson 02 ［ブロックチェーンの定義］
  ブロックチェーンの定義を読み解いてみよう…………………………… 14
- Lesson 03 ［ブロックチェーンの基礎］
  ブロックチェーンのおおまかな仕組みを知ろう①……………………… 18
- Lesson 04 ［ブロックチェーンの基礎］
  ブロックチェーンのおおまかな仕組みを知ろう②……………………… 22
- Lesson 05 ［ブロックチェーンの種類］
  パブリックチェーンとプライベートチェーン…………………………… 26
- Lesson 06 ［ブロックチェーンの特徴］
  ブロックチェーンのメリットとデメリットを知ろう…………………… 28
- COLUMN
  ブロックチェーンと仮想通貨の関係……………………………………… 30

Chapter 2 ビットコインを体験しよう　page 31

Lesson 07　[ブロックと発行計画]
ビットコインの生い立ちを知ろう ……………………………… page 32

08　[ビットコインと電子マネー]
ビットコインは電子マネーとなにが違うの? …………………… 36

09　[ビットコインのはじめ方]
ビットコインをはじめよう① ── 必要なものを知る ………… 38

10　[ビットコインのウォレット]
ビットコインをはじめよう② ── ウォレットの種類を知る … 40

11　[ビットコインの取引口座]
ビットコインをはじめよう③ ── 取引口座を開設しよう …… 46

12　[ビットコインの入手]
ビットコインを入手しよう ……………………………………… 50

13　[ビットコインの送金方法]
ビットコインを送金しよう ……………………………………… 52

14　[セキュリティ]
ビットコインのリスクを知ろう ………………………………… 54

15　[ビットコインとブロックチェーン]
ビットコインの取引時にブロックチェーンではなにが起きているか? … 56

COLUMN
ウォレットの運用レベルはいろいろ …………………………… 62

005

Chapter 3 ブロックチェーンを支える暗号技術を学ぼう　page 63

Lesson 16 ［暗号技術の目的］
情報システムを支える現代暗号技術 …… page 64

Lesson 17 ［公開鍵と秘密鍵］
特定の人だけが情報にアクセスできる「公開鍵暗号」…… 68

Lesson 18 ［暗号の強度］
安全な暗号鍵を生成するために必要な乱数生成法 …… 72

Lesson 19 ［ハッシュ関数の仕組み］
デジタル文書の改ざんを検出する「一方向ハッシュ関数」…… 76

Lesson 20 ［ハッシュ関数の弱点］
ハッシュ関数の「耐衝突性」…… 78

Lesson 21 ［電子署名とは］
デジタル文書の作成者を証明する「電子署名」…… 80

Lesson 22 ［公開鍵認証基盤・PKI］
電子署名が本物であることを証明する「電子証明書」…… 84

Lesson 23 ［タイムスタンプとは］
デジタル文書の作成時刻を証明する「タイムスタンプ」…… 88

Lesson 24 ［将来有望な暗号関連技術］
未来のブロックチェーンに求められる新暗号技術 …… 92

COLUMN
誰でも量子コンピューターを使える時代になるとブロックチェーンはどうなる？ …… 96

Chapter 4 ブロックチェーンを支える分散システムを学ぼう　page 97

Lesson 25 ［ブロックチェーンを支えるネットワーク］
P2P分散システムについて知ろう …… page 98

Lesson		page
26	[P2P方式の特徴] P2P分散ネットワークの安全性と信頼性	100
27	[ブロックチェーンができないこと] CAP定理から見たブロックチェーン	102
28	[ブロックチェーンのデータストレージ技術] コンテントアドレスの仕組みを理解しよう	106
29	[ブロックチェーンの分岐] ブロックチェーンは全ノードが同じ計算を行う	108
30	[合意形成の仕組み] 分散システムにおいて「合意」を形成する方法を知ろう	110
31	[合意形成と仮想通貨] ブロックチェーンの合意形成方法「Proof of Work」「Proof of Stake」	114
32	[Proof of Workの合意] ブロックが分岐（フォーク）したときの解決方法	118
❗	COLUMN ブロックチェーンの一時分岐と恒久的分岐の違い	120

Chapter 5 ウォレットの仕組みを理解しよう

page 121

Lesson		page
33	[ウォレットとは] 「ウォレット」は手持ちの残高がわかる仕組み	122
34	[ウォレットアドレス] ウォレットアドレスの導き方	124
35	[ウォレットアプリ] 取引窓口の役割を果たす「ウォレットアプリ」	128
36	[効率的なウォレットアドレスの管理方法] 決定性ウォレットアドレスの仕組みを知ろう	132
37	[ウォレットの種類] ホットウォレットとコールドウォレットの違い	136
38	[マルチシグネチャアドレス] 取引の署名権限を分散するマルチシグネチャアドレス	140
❗	COLUMN 送金ができない読み取り専用のウォレット	142

Chapter 6 ブロックチェーンに取引を記録するトランザクションについて学ぼう

page 143

Lesson

39 ［トランザクションとは］
トランザクションの役割と中身 …………………………………………… page 144

40 ［帳簿の連続性］
ウォレットアドレスの未使用残高「UTXO」 …………………………… 146

41 ［合意の仕組み］
トランザクションを合意する仕組み ………………………………………… 150

42 ［合意の逆転］
ブロックチェーンのファイナリティ問題 …………………………………… 152

43 ［トランザクションの順序］
トランザクションの順序性を担保する仕組み ……………………………… 154

44 ［ブロックの構造］
ブロックチェーンの耐改ざん性を担保する仕組み ………………………… 158

45 ［暗号通貨］
コピーされても大丈夫なデジタルマネー「暗号通貨」 …………………… 162

46 ［ダブルスペント］
二重送金（ダブルスペント）問題とその対策 ……………………………… 164

COLUMN
UTXOの概念は実に奥が深い ………………………………………………… 168

Chapter 7 スマートコントラクトで契約を執行する仕組みを知ろう
page 169

Lesson 47 [スマートコントラクトとは]
合意内容を自動的に実行する「スマートコントラクト」 ……………………… page 170

Lesson 48 [ワールドステート]
複雑な条件分岐を含む高度なスマートコントラクト ……………………………… 174

Lesson 49 [支配者のいない組織]
自律分散型組織（DAO/DAC）の概念を知ろう ……………………………………… 178

Lesson 50 [外部データ参照とオラクル]
外部情報を参照して動くスマートコントラクト …………………………………… 182

Lesson 51 [P2M・M2M]
マシンがスマートコントラクトを利用するとどうなるか？ …………………… 186

COLUMN
スマートコントラクトでは、時刻による合意はできない ………………………… 188

Chapter 8 ブロックチェーンが活用される世界を想像してみよう
page 189

Lesson 52 [仮想通貨の取引所]
仮想通貨交換業について知ろう …………………………………………………………… page 190

Lesson 53 [法定通貨と仮想通貨]
法定通貨を流通させる方法を考えよう ………………………………………………… 192

Lesson 54 [企業通貨の活用]
「ファン作り」や「キャッシュフロー改善」に企業通貨を活用する ……………… 194

Lesson 55 [地域通貨の活用]
インバウンド施策や地域活性化に地域通貨を活用する …………………………… 196

Lesson 56 [証券分野への適用と課題]
証券分野にブロックチェーン技術を適用する ……………………………………… 198

Lesson		page
57	[文書の管理] 証憑書類の保管・デジタル文書の真正性証明に活用する	200
58	[保険分野での活用] IoTとブロックチェーンで大きく変わる保険分野	202
59	[流通分野での活用] 流通のトラッキングに活用する	204
60	[エンターテインメント分野での活用] オンラインゲームでトークンを活用する	206
61	[コンテンツ流通での活用] コンテンツのDRMをブロックチェーンで実現する	208
62	[広告技術での活用] ブロックチェーンで広告技術が新たな革新を得る	210
63	[仮想通貨で資金調達] 新しい資金調達方法「ICO」について知ろう	212
64	[IoTとブロックチェーン] トークンを使ってIoTデバイスを制御する	214
65	[シェアリングエコノミー] シェアリングエコノミーへのブロックチェーンの応用	216
66	[電子投票システム] トークンで電子投票システムを実現する	218
	COLUMN 本書から次のステップへ	220

Chapter 1

ブロックチェーンとはなにかを知ろう

ブロックチェーンにはさまざまな機能があるため、イメージしづらい部分があるでしょう。ここでは、その目的や仕組みをひもといていきます。

Chapter 1 ブロックチェーンとはなにかを知ろう

Lesson 01 ［ブロックチェーンのインパクト］

なぜブロックチェーンが注目の技術だといわれるのか？

このレッスンのポイント

「ブロックチェーンはインターネット以来の技術革新だ」といわれることがよくあります。私たちの生活はインターネットの登場によって激変しました。ブロックチェーンは、次世代の私たちの生活にインターネットと同程度のインパクトをもたらすと考えられています。

ブロックチェーンが起こす社会変革の可能性

経済産業省の試算によると、日本国内におけるブロックチェーン関連の市場規模は、67兆円に達すると予測されています。

当初は、フィンテック（金融分野における情報技術革新）を支える中核技術として送金や決済、証券取引といった分野への応用が当然のように期待されていました。

ところが、最近では広告の基盤や流通分野の効率化をはじめ、知的財産の管理、遊休施設のシェアリング、そのほか各種届出や登録など、さまざまなアプリケーションにブロックチェーン技術が使えそうだということがわかってきました。

▶ブロックチェーン関連の市場規模予測（国内） 図表01-1

① 1兆円 価値の流通・ポイント化・プラットフォームのインフラ化
地域通貨　電子クーポン　ポイントサービス

② 1兆円 権利証明行為の非中央集権化の実現
土地登記　電子カルテ　出生・婚姻・転居などの登録

③ 13兆円 遊休資産ゼロ、高効率シェアリングの実現
デジタルコンテンツ　チケットサービス　C2Cオークション

④ 32兆円 オープン・高効率・高信頼なサプライチェーンの実現
小売　貴金属管理　美術品等真贋認証

⑤ 20兆円 プロセス・取引の全自動化・効率化の実現
遺言　IoT　電力サービス

市場規模 67兆円

出典：経済産業省「ブロックチェーン技術を利用したサービスに関する国内外動向調査」
http://www.meti.go.jp/press/2016/04/20160428003/20160428003.pdf

○ ブロックチェーンをひとことで説明すると

ブロックチェーンの特徴はさまざまな要素が複雑に絡み合って実現されているため、1つ1つを丁寧にひもとこうとすると、この本1冊丸ごと使わないと説明できません。しかし、ここはあえてひとことで表現することに挑戦してみます。

▶ブロックチェーンを簡単にいうと 図表01-2

「正しい記録しかできない、変更できない、消せない、改ざんできない、壊れても自動修復される、落ちない、みんなに合意された情報だけが有効と認識される、ネットワーク共有型のデータベース」

よくある質問に「ブロックチェーンとデータベースの違いはなんですか？」というものがありますが、「ブロックチェーンはデータベースを機能強化する仕組み」なのです。おそらく将来は「ブロックチェーン」とは呼ばれなくなり「データベース」という言葉に集約されていくものと筆者は考えています。

○ ブロックチェーンにあなたはなにを記録したいか？

ブロックチェーンが先述のような特徴を持った「ネットワーク共有型の機能強化データベース」であるならば、これを活用するためにみなさんはなにを記録させたいと思うでしょうか？

▶ブロックチェーンにはさまざまな取引情報が記録できる 図表01-3

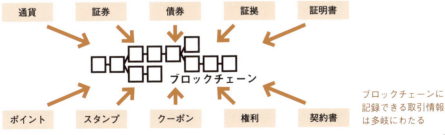

ブロックチェーンに記録できる取引情報は多岐にわたる

ブロックチェーンの生みの親といわれている「サトシ・ナカモト」氏は、誰にも止められず、誰にも邪魔されない「送金取引」をこのような仕組みに記録できれば仮想通貨が実現できると考えました。それが「ビットコイン」です。

Lesson [ブロックチェーンの定義]

02 ブロックチェーンの定義を読み解いてみよう

Chapter 1 ブロックチェーンとはなにかを知ろう

このレッスンのポイント

少し難しい話になりますが、ブロックチェーンの定義を少し掘り下げることで、それがどんな特徴を持っているかを知り、なにを作り出そうとするものなのか理解しましょう。どんなビジネスに役立つのか、自分自身で考えられるようになるエッセンスを紹介します。

○ ブロックチェーンとは？

ブロックチェーンとはなにかという問いは、シンプルですが非常に難しい問いです。
というのも「『ブロックチェーンはあなたの心のなかにあります』とでもいえばいいでしょう」と真面目に思うほど、人によって想像するものが違うからです。それは、いわゆる「有識者」と呼ばれる人たちの間でも大差ありません。一応、定義としては日本ブロックチェーン協会（JBA）がまとめたものがあります。しかしこの定義の合意を得るにも、ブロックチェーン技術やビジネスに関わる専門家十数人がかりで議論して、2～3カ月を要しました。

▶ 日本ブロックチェーン協会（JBA）による「ブロックチェーンの定義」　図表02-1

①「ビザンチン障害を含む不特定多数のノードを用い、時間の経過とともにその時点の合意が覆る確率が0へ収束するプロトコル、またはその実装をブロックチェーンと呼ぶ。」

②「電子署名とハッシュポインタを使用し改竄検出が容易なデータ構造を持ち、且つ、当該データをネットワーク上に分散する多数のノードに保持させることで、高可用性及びデータ同一性等を実現する技術を広義のブロックチェーンと呼ぶ。」

出典：「ブロックチェーンの定義」（日本ブロックチェーン協会）
http://jba-web.jp/archives/2011003blockchain_definition

ブロックチェーンに関連する国際標準化を目指す流れもすでに出てきていますが、2017年7月の段階では、まずは「用語」や「構成要素」を整理しましょうという段階に留まっています。

ブロックチェーンの定義を読み解こう

図表02-1 で示した、JBAによる「ブロックチェーンの定義」を読んだだけで「なるほど！」と思うような人は、ブロックチェーンを構成する各要素について、ある程度知識があるはずですから、本書を読む必要はないかもしれません。

この定義には、①と②の2つがありますが、このうち、②については、本書の第3章〜第4章を読めば理解できるようになると思いますので、ここでは割愛します。

もう一方の①については「ブロックチェーンとはなにか」を語るうえで興味深い特徴を表していますので、ここで少し掘り下げてみましょう。

冒頭には「ビザンチン障害を含む不特定多数のノードを用い」とあります。これは、ネットワークへ参加する者（＝ノード＝コンピューター）が不特定多数である場合、そこにはもしかしたら、嘘をつく可能性のある参加者や、なんらかの故障を起こして正常に動作していない（ビザンチン障害を抱える）参加者が含まれているかもしれないことを示唆しています。なお、ビザンチン障害（ビザンチン将軍問題）についてはレッスン30、31で解説しています。

嘘をつくかもしれない者や、故障している者が含まれている可能性があるのに、本当に「合意」なんてまともにできるのか？と疑問に思うかもしれませんね。しかし、そのような一見不可能と思える状況下においても実用的に合意を得る仕組みを備えていて、それが「時間の経過とともにその時点の合意が覆る確率が0へ収束する」特徴を持っているものを「ブロックチェーン」と呼びましょうといっているのです。

▶ ブロックチェーンの定義から読み取れること 図表02-2

① 嘘をつく可能性のある参加者がいるかもしれない
② なんらかの故障を起こして正常動作していない参加者がいるかもしれない
③ ①②のような参加者がいる環境でも合意が得られる仕組みを持っている
④ ③で得られた合意は、時間の経過とともに覆る可能性が0に近づく特徴を持つ

▶ 広義のブロックチェーン ＝ 分散型台帳技術（Distributed Ledger Technology：DLT） 図表02-3

① 暗号学的技術を駆使することで改ざん検出が容易なデータ構造を持っている
② ネットワーク上の複数のコンピューター上に分散してデータを保持している
③ ②の特徴を強化することで、停止しない（高可用性）状態を実現している
④ ②で分散保有しているデータの同一性を保証する仕組みを持っている

ブロックチェーンの定義は専門家の間でもあいまいなところがあるので、「これがブロックチェーンである」「これはブロックチェーンではない」などという議論はしても仕方がないでしょう。

NEXT PAGE ➡

ブロックチェーン技術と分散型台帳技術との関係

先ほど挙げた定義をもとに考えると、ブロックチェーン技術と分散型台帳技術の包含関係として、ブロックチェーン技術は、分散型台帳技術の一種と考えられます。

この2つの関連技術は、公共の場においては明確に分けて議論されることも多いのですが、マーケティングの観点からはいずれも「ブロックチェーン」と呼ばれることが多いのが現状です。そのため本書では便宜上、ブロックチェーン技術も、分散型台帳技術も合わせて「ブロックチェーン」と呼ぶことにします。

さて、ここで1つ押さえておかなければならない点は「ブロックチェーン」の実装は1つだけではなく、たくさんあるということです。

代表例の筆頭は Bitcoin（ビットコイン）でしょう。そのほかには、Litecoin（ライトコイン）や、Ethereum（イーサリウム）、NEM（ネム）などが、定義上の「ブロックチェーン」にあたります。そのほか、Hyperledger Fabric（ハイパーレジャー・ファブリック）やCorda（コーダ）、Interledger（インターレジャー）などが、分散型台帳技術（DLT）に含まれます。

ここで特筆すべきは、「Orb1（オーブ1）」「Orb2（オーブ2）」「Mijin（微塵）」「Hyperledger Iroha（ハイパーレジャー・いろは）」「Miyabi（雅）」というブロックチェーンおよび分散型台帳技術（DLT）は、いずれも日本のベンチャー企業から発祥したもので、かつ主要開発拠点にもなっており、世界から技術者を集めているという点です。

これだけ多くのブロックチェーン関連技術が開発されている国はほかに見られず、これまで「失われた20年」とか、特に「基盤ソフトウェア技術が世界に比べて遅れている」といわれ続けてきた日本にとって、朗報といえるのではないでしょうか。

▶ 分散型台帳技術とブロックチェーン技術　図表02-4

分散型台帳技術（DLT）

ブロックチェーン技術			
Bitcoin	Litecoin	Fabric	Corda
Ethereum	NEM	Iroha	Interledger
Orb1	Mijin	Orb2	Miyabi

分散型台帳技術にはさまざまな実装（その技術を組み込んだシステムなどのこと）があるが、それらのなかでブロックチェーン技術を用いたものはBitcoin、Litecoin、Etherium、NEM、Orb1、Mijinなどとなる

日本では、経産省や日銀などがブロックチェーンの可能性に気づき、いち早く研究調査に乗り出し、声明を発表したこと、法整備が世界でもっとも早く整ったことなどが、若い開発者を後押ししているように感じます。

○ ブロックチェーンの着目すべき機能的特徴

「ブロックチェーンとデータベースはなにが違うのですか？」という質問に対して、ここで改めて回答しておきましょう。基本的にブロックチェーンは、情報の記録媒体という意味では、データベースの一種であることには間違いありません。ただし、従来のデータベースと決定的に異なることは、以下のような機能を「『すべて』備えている」点です。

▶ブロックチェーンの機能的特徴　図表02-5

- データは複数の参加者に確認されルールに従った書式のものだけが記録されること
- 参加者全員によって合意されたデータだけが有効となる約束で運用されていること
- 耐改ざん性のあるデータ構造（ハッシュチェーン構造）を持っていること
- 改ざんしようとすると即時検出され、そのデータが破損していると認識されること
- 破損データは正常なデータを持つほかの参加者から取り寄せて自動復旧できること
- 一度書き込まれたデータは変更も削除も誰にもいっさいできないこと
- システム全体を止めることは誰にも不可能なこと

○ ブロックチェーンになにを記録するかがカギ

勘がよければ、先述のような機能的特徴を持つデータベースシステムが実現されたなら、そこにどんな様式のデータを置けば、どのようなビジネスに応用できるかということは、すぐにいろいろと思いつくはずです。

仮想通貨は、そのデータモデルを応用した一例に過ぎず、UTXOと呼ばれる帳簿の連続性を保証する仕組みを持った「三式簿記」のデータ構造（第6章参照）を掲載することで、価値の流通を表現したものといえるのです。

そして、真っ先に「通貨」「証券」「債券」あたりの記録に応用ができないかと興味を示したのが金融関連です。そして次に「ポイント」「スタンプ」「クーポン」「チケット」の記録に興味を示したのが広告や流通関連の企業。そのあとは「権利移転」や「制御シーケンス」など、あらゆる価値移転の記録に使えるのではないかと考える企業が徐々に、確実に増えてきています（詳しくは第8章で説明します）。さらに「契約書を掲載するとどうなるか」そして、その「契約内容を自動履行できるようになったらどうなるか」と考えを発展されていったシステムが「スマートコントラクト」（第7章参照）と呼ばれるものです。

> ブロックチェーン技術のなかでも、スマートコントラクトと価値移転が連携したら、どんな未来が来るだろうと想像するだけでもとてもワクワクしますね。

Lesson 03 ［ブロックチェーンの基礎］

ブロックチェーンのおおまかな仕組みを知ろう①

このレッスンのポイント

「ブロックチェーン」を理解するには、具体的なイメージと関連づけて学んでいくのが近道です。このレッスンでは、お金のやりとりという切り口でブロックチェーンがどのような役割を果たしているのか見ていきましょう。

○ ブロックチェーンは価値を流通させる仕組み

「ブロックチェーンとは何ですか」という質問に、非常にざっくり答えるなら、「コンピューターとネットワークを使って価値を流通させるための仕組み」といえるでしょう。価値の流通といっても、価値とはなにか？という点がピン来ない人もいると思います。ここでいう価値とは、「お金」を筆頭に「お金以外の価値」もその対象になります。たとえば「証券」や「債券」、ほかにも「ポイント」「スタンプ」「クーポン」「チケット」のような特定の場所でのみ通用する価値も含みます。話を少し戻して「お金」の価値を流通させることを考えます。このとき、ブロックチェーンのなかで流通するお金と、現実のお金には決定的な違いがあります。それは、「普通のお金は国家が発行するが、ブロックチェーンのなかで流通するお金は国家が発行したものではない」という点です。したがって、普通のお金を「法定通貨」と呼ぶのに対し、ブロックチェーンのなかで流通するお金は「仮想通貨」と呼ばれることがあります。仮想通貨は法定通貨とは別物なので、当然、独自の通貨単位を使っています。ですから現状では、多くの人は仮想通貨を「お金」とみるよりも、「どこかの企業が発行したポイント」のようなものと考える人が多いかもしれません。

▶主な仮想通貨の種類と単位　図表03-1

ビットコイン	BTC
ライトコイン	LTC
イーサリアム	ETH
リップル	XRP
ネム	XEM

> ブロックチェーンを「お金」以外の場面で使うことも、もちろんできます。お店のポイントカードやゲーム内のアイテムなどを、ブロックチェーンを使って表現することも考えられます。

Chapter 1　ブロックチェーンとはなにかを知ろう

◯ お金を表現するために必要な条件とは？

「お金」の機能を実現するためには、いくつかの条件を満たす必要があります。

まず、お金を扱う以上は、システムが壊れたり、データが消えたりするようなことがあってはいけません。末端のATMが1台だけ故障する程度ならまだしも、「システム全体が故障して、利用者の口座のデータがすべて失われました」といったことはけっして許されないでしょう。

そして、お金の取引に関する不正操作も許されません。なかでも一番の問題は「お金のコピーを防ぐ方法」でしょう。お金をそのままデジタルデータで表現してしまうと「お金が簡単にコピーできてしまう」という状態になりかねません。お金がコピーできてしまうということは、何度でも使い放題ということになってしまいます。デジタルデータは簡単にコピーできることがメリットですが、お金を扱ううえではデジタルデータの性質が完全に裏目に出てしまうのです。

ブロックチェーンを使えば、これらの問題を完全に解決し、安全に「デジタルのお金」を扱うことができます。詳しくは第6章で説明しています。

◯「絶対に壊れないシステム」をどうやって実現するのか？

ブロックチェーンは、お金などの価値を扱うシステムですから、けっして壊れてはいけませんし、動作が止まったりしてもいけません。といっても、「絶対に壊れない頑丈なシステムを作る」という方針は明らかにコスト高になってしまうため、ブロックチェーンは「少しくらい壊れても平気なシステムを作る」という方針で設計されています。

つまり、「同じ機能のパーツを複数用意しておき、いつも同じ仕事をダブって実行させておけば、万が一どこかが壊れても大丈夫」という考え方です。具体的には、「ノード」と呼ばれるコンピューターをたくさん用意して、それぞれネットワークで接続し、すべてのノードが同じ情報を互いにコピーして共有しあうことで全体のシステムを稼働させるのです。そうしておけば、1つや2つのノードが故障したところで大丈夫というわけです。

このような発想にもとづいて作られたシステムを一般に「分散システム」と呼びます。分散システムは、なにもブロックチェーンだけの特別な技術ではありません。一般的な業務システムやウェブサービスなどでも普通に使われている当たり前の手法です。この、万が一に備えて同じ機能を複数用意しておくことを「冗長化」といいます。

「分散システム」については、第4章で詳しく解説します。

Chapter 1 ブロックチェーンとはなにかを知ろう

NEXT PAGE → 019

◯ ネットワークに「中心」がない

「同じ機能を複数用意する（冗長化する）ことで、全体が壊れないようにする」というアイデアは、ブロックチェーンの仕組みのなかでも、至るところで採用されています。

同じネットワークのなかに複数のノードが置かれるという状況を考えるとき、普通はどれか1台をリーダー役にするような設計にすることが多いのですが、ブロックチェーンのネットワークにはリーダーの役割を担うノードが存在しません。すべてのノードが平等であり、全員がデータをバケツリレーのようにコピーしあい、各ノードが「勝手に」仕事をします。リーダーがいないので、同じデータのバケツが何度も回ってくることもありますが、それは捨てればいいだけの話なので、同じものがダブるのは問題ありません。みんなに同じ内容のデータが回ってくるので、各ノードが「勝手に」仕事をしても、みんな同じ結果になるはずです。なんらかの故障や環境の違いによりノードが異なる結果を出す可能性もありますが、少数意見もいったんはブロックチェーンに記録しておくという方針にしておけば、やはり問題ありません。

このように、それぞれのノードが勝手な判断で（自律的に）仕事をしつつ、全体として1つの目的を果たすブロックチェーンのようなシステムを、特に「自律分散システム」と呼びます。

▶ ネットワークにリーダーがいない　図表03-2

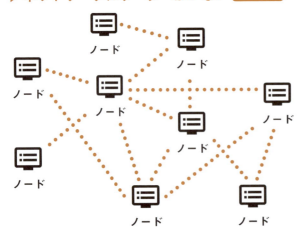

すべてのノードが平等で、同じデータを使い、自律的に仕事をするのが「自律分散システム」

⭘ デジタルでお金をどうやって表現するのか

デジタルでお金を表現するには、どうすればいいのか。一番わかりやすい例は、銀行の通帳を思い浮かべればいいでしょう。

通帳は「口座」に対応しています。口座には特定の持ち主がいます。そして、持ち主以外の人間が、口座のなかのお金を使うことはできないことになっています。

口座のなかに現在お金がいくら入っているのか、通帳を見ればわかります。口座のなかのお金は、ほかの口座に移動させる（振り込む）こともできます。

とりあえず、以上のことが実現できれば、お金としての実用上の機能はデジタルで表現できると考えていいでしょう。

▶ **お金としての実用上の機能** 図表03-3

AさんがCさんに2,000円送金すると、利用者ごとの残高データのうち、AさんとCさんのデータの状態は送金前と送金後で変化する。そして履歴として誰がいついくら入出金したかが残る

> ここでは、「デジタルの世界だけでお金を表現」することを考えるので、現実のお金として引き出したり、外貨と両替したりするケースは考えないことにします。

Lesson **04** ［ブロックチェーンの基礎］

ブロックチェーンの
おおまかな仕組みを知ろう②

このレッスンの
ポイント

前のレッスン3では、ブロックチェーンで「お金」を表現するためのさまざまな仕組みや基盤となる概念を学びました。ここではお金を「やりとり」するための仕組みである「ウォレットアドレス」についてざっくりと見ていきましょう。

○ ブロックチェーンでお金を移動する仕組み

ブロックチェーンは、銀行口座のようにお金の移動を一覧表のようにして記録する仕組みを持っていません。その代わりに公開鍵暗号の鍵に対応する「ウォレットアドレス」と呼ばれる仕組みがあります。

ウォレットアドレスは、お金の宛先になるという点だけを比べると、銀行口座に似ているように思います。しかしウォレットアドレスは情報を記録するための器としてではなく、権利を行使するための鍵になっている点が大きく異なります。

ブロックチェーン上では、取引の記録がすべて公開情報となっており、ネットワークに参加する皆にコピーされ共有されています。

取引の記録されているお金を自由にほかのウォレットアドレス宛に動かせる（送金できる）のは、送金の宛先に指定されたウォレットアドレスに対応している秘密鍵を持っている利用者のみというわけです。

▶秘密鍵を持っている人だけが次にお金を使える　図表04-1

トランザクション
ウォレットアドレス 🔒 の鍵穴に合う鍵を
持っている人宛に1,000円を送金します

秘密鍵を持っている

トランザクションに記載されたウォレットアドレスに対応する秘密鍵を持っている人だけが送金された1,000円を使える

取引データは公開情報でみんなで共有されていますが、これを自由に操作できるのは、宛先に指定されたウォレットアドレスに対応する秘密鍵を持っている人だけです。

○ どこにも登録しないで使える「ウォレットアドレス」

ブロックチェーン上で仮想通貨の取引をはじめたいときは、まずウォレットアドレスを手に入れる必要があります。銀行取引をはじめるときにまず口座の登録が必要なのと同じですから、「なにを当たり前のことを」と思われるかもしれません。

しかし銀行と決定的に違うのは、「どこにも登録する必要などなく、勝手にいくらでもウォレットアドレスを作れてしまう」という点です。ウォレットアドレスは、公開鍵暗号にもとづいているので、手元のパソコンに計算させて「秘密鍵と公開鍵のペア」さえ作ってしまえば、それでウォレットアドレスができてしまいます。100個でも1000個でも1億個でもウォレットアドレスを作ることができるのです（もちろん作っただけではすべて残高ゼロですが）。

つまり、世界中に「誰かが密かに（？）作った残高ゼロのウォレットアドレス」が、どれだけ眠っているかは誰にもわかりません。

「手元で勝手にウォレットアドレスが作れてしまう」ということは、<u>「そのウォレットアドレスが自分の個人情報とはいっさいリンクしない」</u>ということを意味します。ここが銀行口座とは決定的に違う点で、「仮想通貨は匿名性が高い」といわれる理由です。

▶ 登録不要で利用できる　図表04-2

銀行の場合は登録しなければ口座に対して入出金できないが、たとえばモバイルウォレットをスマートフォンにインストールすれば、それだけで送金や入金ができる

> 銀行口座の場合、暗証番号を忘れてしまったとしても、きちんと本人確認ができれば、また口座を利用できるようになりますね。でもブロックチェーンの場合、ウォレットアドレスの秘密鍵を忘れてしまうと、なかのお金を永遠に利用できなくなります。

NEXT PAGE ➡ | 023

◯ ブロックチェーンはなにを記録しているのか？

先ほど説明したように、ウォレットアドレスは手元でいくらでも作れてしまいます。繰り返しますが、「誰かが勝手に作って、一度も取引されていない、残高ゼロのウォレットアドレス」がどこにどれだけ眠っているのか、誰も知りません。

これはつまり、「ブロックチェーンは『ウォレットアドレスの現在の残高』をデータとして記録していない」という事実を示唆しています。

本書を手にするまでは、「ブロックチェーンのなかには、ウォレットアドレスがずらっと一覧になったデータが保存されて、その各ウォレットアドレスの現在の残高が数値で書き込まれている」といった状況を想像していた人もいるでしょう。

しかし、ブロックチェーンのなかに、そんなデータはないのです。

ならばブロックチェーンはいったいなにを記録しているのでしょうか？

それは、「Aから、Bのウォレットアドレスに、お金（仮想通貨）がいくら移動した」という取引の履歴です。あくまで「過去の取引」だけが記録されていて、「現在の残高」は記録されていません。

「現在の残高が知りたければ、『そのウォレットアドレスが関与した過去の取引履歴』をすべて抽出して合算すればわかるはず。という考え方です。

ブロックチェーンの世界では、ウォレットアドレス間の取引を「トランザクション」と呼びます。ブロックチェーンには「トランザクションの履歴」がひたすら記録されているのです。

トランザクションについては、第6章で詳しく解説します。

▶ ブロックチェーンの中身のイメージ 図表04-3

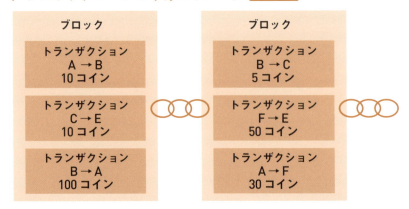

ブロックチェーンは、ブロックごとに取引の履歴（トランザクション）を記録している。
それぞれ前のブロックのデータと連鎖しているため、改ざん不可能

● ブロックチェーンの特徴をおさらい

レッスンの最後に、ブロックチェーンのおおまかな特徴をまとめておきましょう（図表04-4）。これらの特徴だけを見ると、ブロックチェーンはまるで「ものすごく不自由でものすごく用途が限られた、出来損ないのデータベース」のようです。しかし、お金を扱う仕組みとしては、これで十分なのです。ブロックチェーンの存在価値は、なによりも帳簿の正当な連続性が、数学的、暗号学的に保証されていることです。

ブロックチェーンは価値の流通を記録するための技術であるので、原則としてトランザクション（取引）の履歴しか記録できません。しかし、最近の新しい実装では「スマートコントラクト」と呼ばれるプログラムをブロックチェーン上で実行することができるようになってきているほか、「トランザクションのついでに数十バイトの短い文字列を送ることができる」という裏技的な仕様を利用することで、仮想通貨以外のさまざまなアプリケーションが実現できるようになっています。

▶ ブロックチェーンの特徴　図表04-4

① 自律分散システム
ブロックチェーンは自律分散システムである。たくさんのノードが、同じデータをバケツリレーでコピーしあって、全員で同じ仕事をしている。いくつかのノードが壊れたぐらいでは、全体の動作に支障がない。

② リーダー不在でも動く
「取引を受けつける窓口」や「各ノードに仕事を指示する管制塔」といった決まった役割は存在しない。すべてのノードが同じ役割で同じ仕事をする。したがって「ここが壊れたら一巻の終わり」という単一弱点が存在しない。

③ ウォレットアドレス
ブロックチェーンでは公開鍵暗号の「公開鍵」と「秘密鍵」のペアキーがウォレットアドレスに対応している。
ウォレットアドレスはいくらでも勝手に作ることができる。

④ トランザクション
ブロックチェーンは「ウォレットアドレスの現在の残高」を知らない。
知っているのは「過去のトランザクション（取引）」のすべての履歴。
現在の残高が知りたいなら、ユーザーが、ウォレットアドレスを用いて取引履歴をすべて合算すればわかる。

本書では、それらの機能を使ったさまざまな（通貨や金融以外の）アプリケーションの可能性についても紹介していきます。

Lesson [ブロックチェーンの種類]

05 パブリックチェーンと
プライベートチェーン

このレッスンの
ポイント

ブロックチェーンには、パブリック型とプライベート型の大きく2種類がありますが、それぞれは参加者数が特定できるか否かで区別することができます。また、参加者数が特定できるか否かにより、採用できる合意システムの違いを生みます。

○ ブロックチェーンには2種類ある

ひとくちに「ブロックチェーン」といってもさまざまな種類があります。それらは、おおまかに「パブリックチェーン」と「プライベートチェーン」の2種類に分類できます。両者の違いは「ネットワークに参加しているノードの総数が把握できるかどうか」です。

パブリックチェーンは、「誰でも好きなようにノードを立てて勝手にネットワークに参加していい」という状態で運用されるものを指します。

一方、プライベートチェーンは、「ネットワークの参加者が限られている（たとえば参加には承認が必要）」という状態です。そのため「もしもすべてのノードがトラブルなく稼働中であれば、全部で○台が参加しているはずだ」ということがわかっている状態です。

パブリックチェーンとプライベートチェーンでは、「トランザクションを記録する際のアルゴリズム（合意アルゴリズム）」の面で大きな違いが出てきます。合意アルゴリズムについては、第4章で詳しく解説します。

> パブリックチェーンへの参加は、加入も離脱も自由なため、全参加者の母数を確定できません。一方、プライベートチェーンへの参加は、加入になんらかの資格が必要なことが多く、承認制となるため、全参加者の母数を確定できます。その違いが合意方法の違いとなってきます。

Chapter 1 ブロックチェーンとはなにかを知ろう

026

○ パブリックチェーンの代表格はビットコイン

世界ではじめてのブロックチェーンである「ビットコイン」はパブリックチェーンの1つです。つまり、あなたもやろうと思えば、ビットコインのノード（サーバー）を勝手に作って、勝手に運用できるのです。つまり「不正をもくろむ悪人がノードを立てて参加してくる可能性もある」わけです。そして、そのような状態になっても、過半数の参加者が善人であれば、うまく稼働するのです。

ほとんどのパブリックチェーンは、ノードを運用してくれる人（一般に「マイナー」と呼ばれます）に対して、運用報酬として仮想通貨を直接与える仕組みになっていて、正しい選択をするほうが経済的に得をするようになっています。

したがってパブリックチェーンの場合、ノード（マイナー）の数が増えるほど、システムが停止する可能性が低くなり、不正・改ざんに対して強くなっていきます。

○ プライベートチェーンの特徴

プライベートチェーンは、「動いているノードの数が常にわかっている」という前提で運用されています。一般論として、パブリックチェーンよりもプライベートチェーンのほうがノードの数が少ないため、全体の動作が速いといえます（もちろん実装によって差はあります）。また、プライベートチェーンでは、通常、多数決型の合意が採られるため、パブリックチェーンとは異なり、ノードの運用者にインセンティブを与える必要がないため、トランザクション手数料も必要ありません。

いいことずくめのようですが、プライベートチェーンは、受益者が自ら必要なノードを立てて自力で管理していく必要があるため、場合によっては、加入も離脱も自由なパブリックチェーンよりもコストが高くなってしまうこともあり得るでしょう。また、お金や性能とはまったく別の話として、プライベートチェーンはそもそも中央集権的な部分があるため、「ブロックチェーンを使う意義がないじゃないか」といった批判を述べる人もいます。

▶ パブリックチェーンとプライベートチェーンの種類と特徴　図表05-1

パブリックチェーン	プライベートチェーン
Bitcoin	Ethereum
Ethereum	Hyperledger Fabric
nem	Corda

自分でノードを立てなくても、手数料だけ払えばアプリケーションなどに利用できる

どんなにトランザクションが飛び交うような使い方をしても手数料はゼロにできる。ただし、ノードの維持費はすべて自分たちで負担しなければならない

Chapter 1　ブロックチェーンとはなにかを知ろう

027

Lesson 06 ［ブロックチェーンの特徴］
ブロックチェーンのメリットとデメリットを知ろう

このレッスンのポイント

ブロックチェーンには参加者から承認された情報だけが記録されます。また、そのデータは改ざんが不可能で、誰にも変更することも、削除することもできません。このような特性は、<u>商取引を記録する用途には向きますが、個人情報などを蓄積する用途には向きません</u>。

○ 管理者がいなくても、正常に動くシステム

ブロックチェーンは、「システムが壊れることなく永続的に稼働し、続けられること」と、「一度書き込まれたデータをあとから改ざんすることが不可能なこと」の2点に特化した、特別なデータ保管場所と考えることができます。

ここで重要なのは、<u>「サービス事業者やシステムの管理者ですら、データを改ざんはもちろん、変更もできない」</u>という点です。

「サービス事業者が信用できる前提のもとで、一般ユーザーの不正・改ざんを防止する」ということであれば、一般のデータベースやファイルシステムだけで実現できます。一般的なシステムの場合、「そのシステムのなかに限れば、神のようになんでもできてしまう管理者」が必ず存在します（「システム管理者」「アドミニストレーター」「ルート」などと呼ばれます）。

ブロックチェーンの場合、そのような万能の管理者は存在しません。たとえサービス事業者の立場であっても、いったんブロックチェーンに記録されたデータを編集したり削除したりはできません。だからこそ、お金（仮想通貨）の基盤技術としてブロックチェーンを利用できるのです。

> ブロックチェーンのネットワークには特権管理者が存在しません。そのため、いったんブロックチェーン上に記録された情報は、登録者自身であっても消すことはもちろん、変更することさえできません。そのような特性は、お金の流通基盤を公正明大に実現するために必要な条件です。

⭕ 事業者の信用が低くても、安心してサービスを利用できる

「システムを管理しているはずの事業者が、システム内のデータを勝手にいじることができない」——そんなシステムは、ブロックチェーン以外に存在しないでしょう。

これまでは、「システムを仕切っている事業者の立場なら、本気でデータを改ざんしようと思えばできるだろう」ということは、ユーザーは承知のうえでサービスを利用してきました。

なぜなら、みんながサービス事業者を信用しているからです。なぜ信用できるかといえば、そのサービス事業者が、大企業だったり、公的機関だったり、銀行だったりするからです。

逆にいうと、まったく名前を聞いたことがないような中小企業が、「絶対に不正や改ざんが許されないサービスをはじめた」と主張しても、一般ユーザーはなかなか利用してくれなかったでしょう。

しかし、ブロックチェーンは、数学的な理論や情報技術を組み合わせることで、「事業者が何者であろうが関係なく、そこに記録されたデータが真正であること」を保証できるようになりました。さらにいうと「お互いに信用できない者どうしの取引であっても、不正があることを心配することなく安心して行えるようになる」ことを意味します。

⭕ ブロックチェーンのデメリットとは

繰り返しますが、ブロックチェーンにいったん記録されたデータは二度と改ざんできません。仮に正当な理由があったとしても、編集（書き換え）も削除もできないのです。

このような改ざん防止の仕組みが実現しているのは、たくさんのノードが同じデータをコピーしあって共有しているからです。

つまり、ブロックチェーンにデータを記録するということは、「誰からも見える状態でデータを世界中にばら撒き、しかもあとからデータの削除は絶対にできない」ということになることを示します。

そうすると、たとえば個人情報をブロックチェーンに記録することは適しません。なぜなら、「本人の要請があれば個人情報を削除しなければならない」と法律で決められているのに、ブロックチェーンに記録したが最後、二度と削除できなくなってしまうからです。このような情報を扱うには、サブシステムとの連携が必要になります。

また、一般的なデータの使い方として、「特定の権限を持った人だけが内容を見ることができるが、そのほかの人たちには見せない」という設定（アクセスコントロール）をすることがよくあります。

しかし、ブロックチェーンに直接記録されたデータは、誰でも見ることができるようになってしまいます。もしもデータを隠す設定ができてしまうと、不正が隠されてしまう可能性があるため当然です。ブロックチェーン単独では、アクセスコントロールのような機能は実現できないのです。これも、実現のためにはサブシステムの助けが必要なユースケースです。

このように、通常のデータベースとはまったく異なる常識外れな性質を持ったブロックチェーンを使いこなすためには、一般的なデータベースや分散ストレージなどといった外部システムとうまく連携しながら利用していく必要があります。

COLUMN

ブロックチェーンと仮想通貨の関係

ブロックチェーンと仮想通貨がセットで語られることが多いのは、なぜでしょうか？これは単に「ブロックチェーンの価値を記録したかったから」が理由ではありません。

図表06-1 を見てまず気づくことは、JBAのブロックチェーンの定義による「ブロックチェーン技術」に含まれない分散型台帳技術は、パブリックチェーン側には存在していないという点です。この領域に該当する分散型台帳技術（DLT）が1つもないということは、単なる偶然でしょうか？

図中で反転している「Bitcoin」「Litecoin」「Ethereum」「NEM」の共通点は、パブリック型のブロックチェーンであることのほかに「ビルドインコイン（仮想通貨）が発行されており、その存在が動作上必須である」という点が挙げられます。

「動作上必須」というのはなにを示しているかというと「不特定多数による合意形成を実現するために経済インセンティブとして仮想通貨の支払いが必要」ということを示しています。

一方で、プライベートチェーン側の実装では、ビルドインコインを採用できるものもありますが、なくても合意形成ができるようになっています。プライベートチェーンは「特定数の参加者」で成立しているので、あらかじめ参加者の母数を決めることができます。そのため、多数決方式で合意の決着をつけることができ、合意システムには経済インセンティブ（合意手数料）を必要としていないのです。

逆にいうと「パブリックチェーン側では現時点で経済インセンティブ（合意手数料）が不必要な合意システムがまだ発見されていない」と言い換えることもできます。

▶ パブリックチェーンは経済的インセンティブが必須　図表06-1

```
                    分散型台帳技術
┌─────────────────────────┬─────────────────────────┐
│     パブリックチェーン    │    プライベートチェーン    │
│   ┌─────────────────┐    │                          │
│   │ ブロックチェーン技術 │    │  [Orb1]    [Mijin]       │
│   │ [Bitcoin][Litecoin]│    │                          │
│   │ [Ethereum][NEM]    │    │                          │
│   └─────────────────┘    │  [Fabric]  [Corda]       │
│    ┌ ─ ─ ─ ─ ─ ─ ┐      │  [Iroha]   [Interledger] │
│    │  存在不可能？  │      │  [Orb2]    [Miyabi]      │
│    └ ─ ─ ─ ─ ─ ─ ┘      │                          │
└─────────────────────────┴─────────────────────────┘
```

パブリックチェーンの場合、仮想通貨（経済的インセンティブ）は動作上必須であることを示している

Chapter 2
ビットコインを体験しよう

> 第1章でブロックチェーンの概要を説明しましたが、第2章ではブロックチェーンと切っても切り離せないビットコインについて見ていきましょう。

Lesson 07 ［ブロックと発行計画］
ビットコインの生い立ちを知ろう

このレッスンのポイント

ビットコインが最初に発行されたのは2009年にまでさかのぼります。そのときの設計に従って、ビットコインの発行計画や発行総数が定められています。このレッスンではビットコインがどのようにして成り立っているのか全体像を眺めていきましょう。

◯ ビットコインの最初のブロック

2017年6月の執筆時点で、ビットコインのブロックチェーンは、約47万ブロック程度まで連鎖が進んでいます。現在も約10分間に1ブロックずつ絶え間なく生成されており、延々とチェーンが連鎖されています。昨日も、今日も、明日もずっと変わらずに、ずっとです。

さて、このビットコインのブロック歴史を遡って、最初に作られたブロックを見てみることにしましょう。ブロックの番号は「0」です。このブロックは特別にGenesis Block（ジェネシスブロック）と呼ばれています。

▶ ジェネシスブロック　図表07-1

約10分間隔でブロックが生成されて、2017年6月時点でおよそ47万ブロックまで連鎖している

ビットコインの最初のブロックは、特別な手続きを必要とすることなく、誰にでも見ることができます！ レッスン15の図表15-2 で、右側のブロックがジェネシスブロックです。

○ ビットコインに刻まれた創始者のメッセージとは？

この記念すべき最初のブロックには、1つだけトランザクションが含まれています。この第1号トランザクションの中身を開いて見ると、そこには世界標準時で2009年1月3日 18:15:05、日本時間にして2009年1月4日 03:15:05に相当するタイムスタンプが刻まれています。

続いて「The Times 03/Jan/2009 Chancellor on brink of second bailout for banks」（訳： 英タイムズ紙 2009年1月3日 財務大臣2度目の銀行救済措置の瀬戸際に）という象徴的な文章が刻まれています。

これは、2009年1月3日付けの英タイムズ紙に書かれている見出しに一致します（図表07-2）。

ビットコインの祖といわれている「サトシ・ナカモト」氏がわざわざこのメッセージをブロック刻んだのは、「2009年1月3日以降に、このジェネシスブロックが作られたことを証明するため」とされています。「サトシ・ナカモト」氏は経済に政府がたびたび介入することに危惧を覚えていたことから、何人たりとも介入できない金融システムを作りたかった意思の表明とも推測されています。

▶ Genesis Newspaper 図表07-2

2009年1月3日の英タイムズ紙の1面

ビットコインの祖「サトシ・ナカモト」氏は、日本人の名前のように見えますが、正体不明の人物で、日本人ではない可能性のほうが高いともいわれています。これまでも何度か「ナカモト氏発見される！」というニュースが出ては消え、たびたび界隈を賑わせましたが、おそらく今後もずっと見つからないでしょう。

Chapter 2 ビットコインを体験しよう

NEXT PAGE → 033

○ 最初に発行されたビットコインは今……

ビットコインは、設計当初から発行可能総数が決められています。その数は、20,999,999.9769ビットコインです。一般には約2100万ビットコインと表現したほうがわかりやすいでしょう。

これは、最初からすべて発行されているものではありません。どのように発行されるかというと、「マイニング」と呼ばれる作業を行った報酬として、1つのブロックが発見されるごとに決まった数のビットコインが与えられることになっています。この「マイニング」の作業が具体的にどのようなものかは、また後に詳しく述べますが、ある種の計算競争を行って、最初に答えを導き出した勝者が、ビットコインを新規発行して、ブロックを1つだけ作る権利が与えられることになっています。

そして、その記念すべき最初の「ジェネシスブロック」に発行されたビットコインが「50」ビットコインでした。その評価額たるや、2017年6月現在、（価格は乱高下していますが、1ビットコインあたり約30万円として計算すると）なんと1500万円相当にあたります。

> 1500万円はあくまでも「2017年6月現在の価値」です。当然ながらビットコインのはじまった当初は、ほとんど価値のないものでした。

👍 ワンポイント　最初にビットコインを受け取ったアドレス

第1号トランザクションの中身を見ると、最初の50ビットコインは、ある1つのビットコインアドレス宛に送られていることがわかります。それが、図表07-3 のアドレスです。

このアドレスの中身を覗いてみると、現在では、最初に送られた50ビットコイン以上の残高が記録されていて、累計で1000件以上の送金を受けているようです。

なかには「Happy Anniversary!」などとメッセージを残して、ビットコインの誕生日のタイムスタンプに合わせて送金している人がいたり「Give Me Bitcoin:」などと、送金主のビットコインアドレスと思われるメッセージを残していたり、眺めてみると面白い発見があります。

▶ 最初にビットコインが送付されたアドレス 図表07-3

```
1A1zP1eP5QGefi2DMPTfTL5SLmv7DivfNa
```

レッスン15で紹介しているchainFlyerなどのサイトで検索し、見ることができる

◯ ビットコインの発行計画

ビットコインは新しくブロックが発見されるごとに、決まった数のビットコインを発行する権利が得られるようになっています。最初は50ビットコインからはじまりましたが、この数も最初からビットコインのルールとして決められていました。
下の 図表07-4 の通り、21万ブロックごとに半減し、2017年6月現在では、1ブロック発見されるごとに、12.5ビットコイン（約375万円相当分）が新規発行されています。累計では、約16,375,000ビットコインが発掘されている計算で、全体の78%ぐらいの発掘がすでに終わっています。

▶ビットコインのブロックと報酬 図表07-4

ブロック番号	報酬
0〜209,999	50ビットコイン
210,000〜419,000	25ビットコイン
420,000〜629,999	12.5ビットコイン
630,000〜839,999	6.25ビットコイン
840,000〜1,049,999	3.125ビットコイン
1,050,000〜1,259,999	1.5625ビットコイン
…	…
6,720,000〜6,929,999	0.00000001ビットコイン（＝1サトシ。ビットコインの最小単位）

2017年6月時点でのブロックは47万番台なので、報酬は12.5ビットコインとなる

> 現在流通しているビットコインは、そもそもマイナーが持っていたものが市場に出たものですね。

◯ マイニング報酬がなくなってもビットコインは動くのか？

ビットコインは、発行計画の通りならば、約130年後には、マイニングをしても報酬が得られなくなってしまいます。このとき、ビットコインは果たして正常に動くのでしょうか？
実際の答えは、そのときになってみないとわかりません。しかしその頃には、マイニング報酬よりも取引量が、現在より大幅に増えているはずなので、マイニングによって得られる報酬以上に取引手数料の合計額のほうが上回るはずだと考えられています。

Lesson [ビットコインと電子マネー]

08 ビットコインは電子マネーとなにが違うの？

このレッスンのポイント

本書ではこれまで「ビットコイン」はブロックチェーンの実装の名前として説明してきましたが、ビットコイン上で流通する通貨の名前もやはり「ビットコイン」と呼びます。ここでは、後者（仮想通貨）についてその性質を見ていきましょう。

ビットコインと電子マネー

Suicaなどの電子マネーとビットコインはいったいどこが違うのでしょうか？ ユースケースだけを見ればいずれもウェブサイトを通して決済を行ったり、スマートフォンのアプリを使って店頭支払いに利用したりできます。

いずれも、紙幣や貨幣のような物理的な「お金」の姿を直接見せることなく、ITを駆使して価値を媒介している点で似ているといえます。

しかし、これらには大きな違いがあります。電子マネーの場合は、利用者から資産を預かり、それを発行者の責任のもと供託、保全、分別保管などを行っておき、実際の資産の取引はデータベースのなかで動かすという方法がとられます。そのため、利用の前提には発行者に対する信用がありますが、

ビットコインの場合は原則として決まった発行者は存在しません。

ビットコインの最大の価値は、ネットワークに参加する人々がそれぞれの信用に頼ることなく、自律的に自分たちの取引を公正明大に評価できる仕組みを作り上げた点です。

この価値評価はビットコインのネットワーク上に流れる取引の承認作業に対するものです。すなわち、取引に関する合意承認の作業を行っているマイナーに支払われる報酬と手数料に応じているため、取引量が増えればその需給バランスにより対日本円や、USドルに対する交換レートが常に変化します。

仮想通貨の種類によっても為替レートが異なります。当然、入手時点と使用時点で価値が異なることがあります。

● ビットコインはどこにあるの？

利用者から見たときのビットコインと電子マネーの違いは、通貨単位の違いだけ（ビットコインは外貨と同列）ですが、それぞれの通貨を裏で支える技術はずいぶん異なります。

ビットコインはブロックチェーン上に記録されている数字に過ぎません。したがって、電子マネーのように、形のある貨幣や紙幣に交換することはできません。もちろん、いったん日本円に交換してから、日本円の貨幣や紙幣として出すことはできますが、それはあくまで「もともと持っていたビットコインと同価値の日本円」であり、ビットコインではありません。

たまにマスコミなどでビットコインが紹介される際、QRコードの印刷された紙幣のようなものが登場することがあります。あの紙を「ビットコインの紙幣」と捉えてしまう人がいるかもしれませんが、そうではありません。あのQRコードが印刷されたものは「ペーパーウォレット」と呼ばれるもので、単にウォレット（口座・財布）の情報を印刷したものにすぎません。いわば、銀行の口座番号の数字をそのままプリントアウトしたものと、同じようなものです（ペーパーウォレットについてはレッスン10で詳しく紹介します）。

先ほど、ビットコインはブロックチェーン上に記録されている数字に過ぎないと説明しましたが、この数字を操作するために必要な鍵がウォレットです。ウォレットというと、いかにもコインがそこに入っているように思うかもしれませんが、ウォレットの実体は公開鍵暗号の鍵そのものです（公開鍵暗号については第3章で解説しています）。ウォレットにはさまざまな種類があり、たとえば「モバイルウォレット」と呼ばれるスマートフォン用のアプリでビットコインを管理することもできます。このように聞くと、「スマホ内のデータのどこかに、ビットコインの残高がおそらく暗号化されて書き込まれているのだろう」と思われるかもしれませんね。ところが、実際にはスマホには金額の情報はなにも記録されておらず、ブロックチェーンに刻まれているものを、ウォレットを使って覗き見ているのです。そのため残高表示を高速にするためのキャッシュ的なデータなら記録されている可能性はありますが、仮にそこを書き換えてしまったとしても、ビットコインの残高が増えることはないのです。

▶ビットコインの保管場所 図表08-1

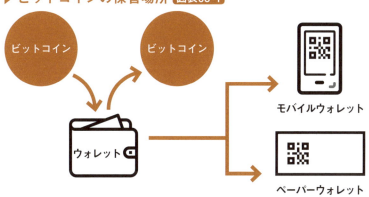

ビットコインは「ウォレット」に保管される。そのウォレットはスマートフォンアプリや「ペーパーウォレット」という口座番号（アドレス）を印刷した紙として扱うことができる

Lesson [ビットコインのはじめ方]

09 ビットコインをはじめよう①
──必要なものを知る

このレッスンのポイント

ビットコインは「ビットコイン国の通貨」と同じように考えるといいでしょう。ビットコインをはじめる（ビットコインを入手する）ということは、日本円をビットコインに両替するのと同じです。考え方としては、日本円をUSドルなどの外貨に両替するのと変わりません。

○ はじめるにはなにが必要か①：ビットコインを買う資金

「ビットコインをはじめる」ということは、「（仮想通貨としての）ビットコインを手に入れる」ことと同じです。ビットコインは利用者の視点では、日本円やUSドルと同じ「お金」と考えてかまいません。では、そのお金を手に入れるにはどうすればいいでしょうか？

まずは「働いて手に入れる」という方法が思いつくでしょう。ビットコインでもそれは可能です。文字通り、労働の報酬をビットコイン建てで払ってもらうというのが1つです。もう1つ、ブロックチェーンならではの「労働」には、（ブロックチェーンの実装としての）ビットコインのノードを自前で立て、ビットコインネットワークの運営に貢献する方法があります。しかし、これは普通の読者にはあまり容易なことではないでしょう。

次に「すでにあるお金からビットコインに両替する」という方法が考えられます。むしろ、日本円から両替したほうが簡単でしょう。ビットコインも同じです。しばしば「ビットコインを買う」と表現されることからもわかるとおり、手に入れたいビットコインの価値以上の日本円を用意する必要があります。

また、レッスン8で述べた通り、日本円から外貨に両替する際に手数料がかかるのと同様、ビットコインに両替する際にも手数料が必要となります。

▶ ビットコインを入手する場合　図表09-1

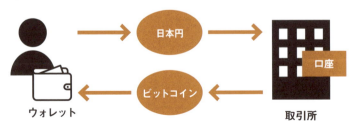

取引所を介して、日本円をビットコインと交換する

○ はじめるにはなにが必要か②：ウォレット

ビットコインはブロックチェーンの実装の1つです。第1章の復習になりますが、ブロックチェーンは本来、「あるウォレットから別のウォレットへの取引の履歴」を保存するための仕組みです。なにをするにしてもウォレットが基準となっているので、（仮想通貨としての）ビットコインを利用するためには、「手に入れたビットコインを貯めておくためのウォレット」を持っていることが前提となります。

ウォレットにはさまざまな種類がありますので、詳しくは次のレッスン10で解説します。

▶ビットコインの「財布」＝ウォレット 図表09-2

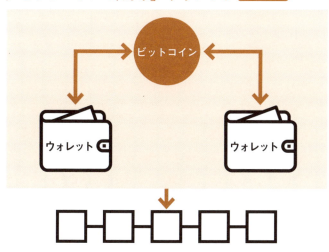

ビットコインの出し入れはウォレットで行い、その取引内容がブロックチェーンに書き込まれる

○ はじめるにはなにが必要か③：取引所の口座

理屈のうえでは、ウォレットさえあればビットコインをはじめることができます。しかし、空っぽのウォレット（財布）だけ持っていても意味はありませんね。

そこで、日本円から両替したビットコインをウォレットに入れることになるのですが、「日本円とビットコインの交換」という機能を（ブロックチェーンの実装としての）ビットコインが持っているわけではありません。

日本円（普通の法定通貨）とビットコイン（仮想通貨）の両替業務を行っているサービスがあるので、そこを利用することになります。一般に「仮想通貨取引所」と呼ばれます。

仮想通貨取引所のサービスを利用するためには、口座を開設する必要があります。

Lesson **10** [ビットコインのウォレット]

ビットコインをはじめよう②
——ウォレットの種類を知る

このレッスンの ポイント

ビットコインをはじめるには、「お金」と「ウォレット」と「取引所の口座」が必要と述べました。しかし、もしもビットコインをただであなたに贈ってくれる人がいるなら、ビットコインを買うお金や交換所の口座は必要ありません。しかし<u>ウォレット</u>だけは必須です。

○ ウォレットの種類と特徴を知ろう

基本的には、公開鍵暗号の公開鍵（受け取り用のアドレス）と秘密鍵（送金用の鍵）のペアさえ作れればウォレットは作れます。したがって、自力でウォレットを作ることも可能ですが、実際の運用を考えると、既存のウォレットサービスやウォレットアプリケーションを利用するのが普通です。ウォレットにはさまざまな種類がありますが、大きく2つに分類できます。第一に、<u>事業者のサービス</u>を信用して、そちらでウォレットを管理してもらうものです。取引所のウォレットやウェブウォレットのサービスが該当します。

もう1つは、原則として<u>自分の手元</u>でウォレットを管理するものです。モバイルウォレットやペーパーウォレットがこれに該当します。

▶ **ウォレットの種類** 図表10-1

サービス事業者が管理	自分の手元で管理
取引所のウォレット	モバイルウォレット
ウェブウォレット	ペーパーウォレット

主なウォレットの種類としてはこの4つがあり、サービス事業者が管理するか自分が管理するかといった違いがある

自分の目的やスタイルによって使い分ましょう。

Chapter 2 ビットコインを体験しよう

○ ウェブウォレットとは？

その名のとおり、ウェブブラウザーを使って取引をしたり残高確認したりできるウォレットサービスです。「ウェブ」という名がついていますが、ブラウザーだけでなく専用のアプリを使ってアクセスできるサービスもあります。

一般に、ウェブ上でログインして利用するので、複数のパソコンやスマートフォンなどから、1つのウォレットをシームレスに扱えることがメリットです。一方で、ウォレットの管理をすべてサービス事業者に委ねてしまうことになるため、その事業者が信用できるかどうかがポイントになります。また、あらゆる操作をインターネット経由で行う以上、（ほかの方法のウォレットと比べて）セキュリティがどうしても低くなってしまいます。

○ 主なウェブウォレットサービス

たくさんのウェブウォレットサービスが存在しますが、世界中でもっとも多く利用されているのは「Blockchain.info」でしょう。日本語が使える大手のウェブウォレットサービスは、貴重な存在です。

ほかには、主にアメリカでの決済に便利なcoinbaseや、マルチシグネチャなどに対応してセキュリティの高さを売りにしているBitGoなどのサービスがあります。

▶ 主なウェブウォレット 図表10-2

Blockchain.info

日本語が使えるウェブウォレットの最大手「Blockchain.info」
https://blockchain.info/ja/wallet/#/

coinbase

アメリカでの決済に便利な「coinbase」
https://www.coinbase.com/

> 「信用できるかどうか」というのは実際に利用してみないとわかりませんが、口コミ情報などを検索してみてもいいでしょう。

Chapter 2 ビットコインを体験しよう

NEXT PAGE → | 041

◯ モバイルウォレットとは？

モバイルウォレットは、スマートフォン用のアプリとして提供されているウォレットのことです。ちなみに、ウェブウォレットの「Blockchain.info」などでも、スマートフォン用の専用アプリが用意されていますが、こちらは「あくまでウェブウォレットに専用アプリを使ってアクセスしているだけ」として、独立したモバイルウォレットと区別することがあります。

一般的なモバイルウォレットは、ローカルのスマートフォンのなかだけで秘密鍵を保管するため、「スマートフォンを紛失すると、ビットコインの口座も道連れで紛失」ということになりかねません。普通はウォレットアプリ側でバックアップ機能などが用意されているので、それらを利用して自己責任で管理する必要があります。面倒な一面もありますが、「送金用の鍵を誰にも渡すことなく、すべて自分だけで管理できる」という意味もあり、ウェブウォレットよりはセキュリティは高いと考えられています。

◯ 主なモバイルウォレットアプリ

モバイルウォレットは本当にたくさんの種類があります。日本語が使えるものも多いです。アプリのストアで「bitcoin ウォレット」などの文字列で検索してみればわかりますが、「ウェブウォレットや取引所ウォレットのアプリ版」がたくさん出てくるので、どれが「秘密鍵をスマホ側で保管する純粋なモバイルウォレット」なのか、わかりづらいです。

日本では、「breadwallet」や「Mycelium」あたりのモバイルウォレットがよく使われているようです。

▶ 主なモバイルウォレット 図表10-3

breadwallet

ウォレットアドレスやQRコードを相手に見せることで、（自分のスマホ自体はネットにつながっていない状態でも）自分のウォレットに送金してもらえる

Mycelium

日本語化されているMyceliumは、はじめてでも利用しやすいのが特徴

○ 取引所のウォレットとは？

ビットコインを手に入れるためには、基本的には日本円から両替する（日本円でビットコインを買う）ことになります。そのために「取引所」を利用する必要があります。

取引所で口座を開くと、自動的にビットコイン用のウォレットを1つ与えられます。ただし、ここでもらえるウォレットは、「中身をあなただけが使える」という意味では「あなたのもの」といえますが、現実には「取引所のウォレットをあなたが借りているだけ」という理屈になります。

「インターネット経由で、サービス事業者に管理してもらっているウォレットを、あなたが使う」という意味では、交換所のウォレットとウェブウォレットは大差ありませんが、決定的な違いは「取引所のウォレットの場合、あなたが自分のウォレットの秘密鍵（送金用の鍵）を知らない」という点です。

この相違点は、通常のビットコイン利用では、ほとんど意識することはありませんが、「取引所がメンテナンス中などでサービス休止している場合に送金ができなくなる」といった影響はあるでしょう。すべて他人任せなので、少し怖いところもありますが、取引所のウォレットは「まず紛失することがない」というメリットがあります。

通常のウォレットの場合、秘密鍵は自分で管理するのが基本です。よって、万が一、鍵を紛失してしまうと、中身は永遠に失われてしまいます。

取引所のウォレットの場合、IDやパスワードを使って「取引所へのログイン」を行うことが普通です。ログインパスワードなどを忘れてしまう可能性もありますが、そのときは口座開設時の個人情報などを使ってパスワードを再設定してもらえるはずです。匿名性が高いといわれる仮想通貨の世界において、「本人確認」というプロセスがあるだけで、ほかのウォレットとは決定的に異なります。また、取引所のウォレットは、仮想通貨と法定通貨の交換を行う接点になっています。ここで本人確認がしっかり行われることで、マネーロンダリング（資金洗浄）を未然に防ぐ砦にもなっており、犯罪性収益の移転防止に一役買っている側面もあります。

> 取引所のウォレットは、ビットコインの世界では不自由に感じます。しかし、法定通貨やほかの仮想通貨と交換できたり、店頭支払いが高速にできたりなど、ほかのウォレットにはない取引所独自のサービスが付帯されていることがあります。適材適所で使い分けるといいでしょう。

NEXT PAGE ➔ | 043

ペーパーウォレットとはなにか？

ペーパーウォレットは、その名の通り、紙で作るビットコインのウォレットです。

ビットコインはインターネットにつながっていないとやり取りができないのに、インターネットと関係なさそうな、紙でウォレットが作るなんて、本当にそんなことができるの？と不思議に思うかもしれません。でも、それがちゃんとできるのです。それがなぜできるのかを知るためには、ビットコインのウォレットがなにかの機能ではなく、単なる「鍵」を指しているのに過ぎないという事実を知る必要があります。仕組みなどについてはあとの章を読むにしたがって理解できるようになると思います。今は「へぇ、そんなことができるんだー」と思っておいていただければ大丈夫です。

まずは、ペーパーウォレットがどのようなものかを見てみましょう（図表10-4）。ご覧のように、本当に紙に印刷されただけのものですが、きれいな模様の描かれた紙に、よく見ると「Private」と「Public」と書かれた枠があり、その中にQRコードが印刷されていて、その下に何やら長い文字が書かれています。

これらの文字列が、いわゆる「ビットコインの鍵」にあたるもので、「Private」のほうが「送信用の鍵」で「Public」が「受信用の鍵」です。

このうち「Public」の「受信用の鍵」のほうがいわゆる「ビットコインアドレス」と呼ばれるもので、このアドレスを人に知らせれば、ビットコインを受け取れるというわけです。

▶ 実際のペーパーウォレット 図表10-4

Walletgenerator.net（図表10-5）で作成したペーパーウォレットの例。「Public」（受信用）のアドレスに向けて送金すると、このウォレットにお金が貯まる。なお、「Private」のほうは「送信用＝お金を引き出すための秘密の鍵」なので、知られないように注意が必要

⭕ ペーパーウォレットを作れるサイト

ビットコインのペーパーウォレットが作れるサイトは検索するといくつか出てきますが、そのなかでも加工方法がシンプルで、きれいなデザインのウォレットが作れるサイトWalletGenerator.netをご紹介します。

こちらで作ったウォレットは長方形の紙を折りたたむだけで、プライベートキーをうまく隠して、格好よく作ることができます。折りたたんだ口の部分は、ホログラムのシールなどで留めると雰囲気が出てさらにいいでしょう。

▶ ウォレットアドレス生成サイト「WalletGenerator.net」 図表10-5

［Paper Wallet］タブを開いて、［Print］をクリックするだけでペーパーウォレットを印刷できる
https://walletgenerator.net

⭕ ペーパーウォレットのビットコインをモバイルウォレットにインポート

ペーパーウォレットのビットコインを使いたいときには、ペーパーウォレットのままではどうしようもありません。そこで、ペーパーウォレットのプライベートキーを、モバイルウォレットにインポートしてみることにしましょう。

この作業は非常に簡単です。モバイルウォレットのQRコードリーダーを起動して「Private」と書かれているほうのアドレスをスキャンするだけで完了です。

もし、このときすでにビットコインが入金されているアドレスならば、ビットコインの残高が確認できるでしょう。先ほど、インポートしたペーパーウォレットには、あらかじめ0.01ビットコインが入金されていたことが確認できました！

▶ ビットコインのインポート方法 図表10-6

① モバイルウォレットを起動する

② QRコードリーダーを起動する

③「Private」と書かれているほうのアドレスをスキャンする

基本的にはどのウォレットアプリでも同じように操作できる

Chapter 2 ビットコインを体験しよう

045

Lesson [ビットコインの取引口座]

11 ビットコインをはじめよう③ ──取引口座を開設しよう

このレッスンの
ポイント

ビットコインを利用するために、<u>取引所の口座</u>を開設しましょう。注意してもらいたいのは、「取引所はビットコインのネットワークとは無関係な事業者が独自に行っているサービスである」という点です。その取引所が本当に信用できるかどうか、きちんと確認しましょう。

○ 取引所を選ぶときのポイント

仮想通貨の取引所は世界中にたくさんあります。日本でも2017年以降、取引所が急増しました。どの取引所も、基本的には同じサービスを提供しているため、ぱっと見ただけでは各取引所の違いがわかりにくいのではないでしょうか。

日本では2017年4月から新しい法律が施行され、仮想通貨取引所の運営にライセンス（免許）が必要となりました。したがって、「その取引所がライセンスを取得しているかどうか」が重要なポイントとなります。

もちろん海外の取引所は、日本のライセンスを持っていません。あえて海外の取引所を利用する場合は、そこで生じるリスクについてはあくまで自己責任ということになります。

このポイントさえ押さえておけば、あとは「ウェブのインターフェイスがわかりやすい」「手数料が安い」などの要素を考慮しながら、好みの取引所を利用すればいいでしょう。

▶ **取引所を選ぶポイント** 図表11-1

- ・信用できるかどうか
- ・手数料が安いかどうか
- ・UIが使いやすいかどうか
- ・指示から約定までの時間に差があるか
- ・日本の取引所かどうか

取引所によって、付帯するサービスに違いがあったり、キャンペーンを実施していたりする場合もあるので、ウェブサイトなどをよくチェックしてみよう

Chapter 2 ビットコインを体験しよう

○ アカウント作成に必要なもの

取引所の口座（アカウント）の開設方法は、サービス事業者が日本国内か海外かによって大きく変わってきます。国内の取引所の場合、原則としてメールアドレスと電話番号、本人確認書類（運転免許証や健康保険証など）が必要となります。

日本では、2017年4月より改正資金決済法のもと、国内のすべての取引所が「仮想通貨交換業」と定義されるようになりました。法律の枠組みができたことで、国内の取引所を利用する限りは、口座開設に必要なものはどこも大差ないといえます。

海外の取引所の場合、もちろん日本の法律はおよびませんから、「口座開設に必要なものもそれぞれ」です。

なんらかのメリットを求めて海外の取引所を利用する場合は、おそらく日本円からその国の通貨に両替したうえで、その国の通貨を使ってビットコインを買う、という流れになるケースが多いと考えられます。

▶ 口座開設に必要なもの 図表11-2

インターネット上で口座開設手続きは完了する

👍 ワンポイント 仮想通貨をめぐる法整備の状況

意外に思う人もいるかもしれませんが、実は日本は世界でもっともはやくビットコインの「資産的価値」を認めた国です。2016年5月には、仮想通貨の売買やその仲介を行う取引所に適用される「資金決済法」のなかに「仮想通貨交換業」が制定され、2017年4月より同法が施行、続いて2017年からはビットコインの購入には消費税がかからないという決定がされました。

このように、法整備面では世界でもっとも仮想通貨を取引しやすい環境の整った国になりました。

日本で、ほかの国よりも早く法整備が進んだ背景には、ベンチャー企業が大きな役割を果たした事実があります。2014年頃から、業界有志が定期的に集まって会合を開くなどしながら、同時に規制当局とのパイプ作りをはじめたり、積極的に情報交換を行うなど、法案作りの早期から助言などに関わってきました。

取引状況を見てみよう

多くの仮想通貨取引所のメニューには「ビットコイン売買コーナー」と「ビットコイン取引コーナー」が別になっています。どちらのコーナーでもビットコインを売ったり買ったりできるのですが、両者はいったいなにが違うのでしょうか。

売買コーナーでは、利用者であるあなたと、取引所を運営しているサービス事業者の間で、ビットコインを売買します。取引コーナーでは、不特定多数の利用者どうしで、ビットコインを売買することになります。

両者の違いは、ビットコインの価格に影響します。売買コーナーにおけるビットコインの価格はサービス事業者が決めていますが、取引コーナーではいろんな利用者がそれぞれ自分の希望価格で「売りたい・買いたい」の注文を出していることになります。

価格の表示だけを見ると、普通は「売買コーナーより取引コーナーのほうが、ビットコインを安く買えるし高く売れる」という状況になっています。つまり、一見すると、売るにしても買うにしても「売買コーナーより取引コーナーのほうが得」になります。そうすると、売買コーナーの存在意義がないように思えますが、よく見ると取引コーナーには価格とは別に「Ask 数量」「Bid 数量」という表示があることがわかるでしょう。これはそれぞれ「その表示価格で買いたい意思表示されているビットコインの数」「その表示価格で売りたいと意思表示されているビットコインの数」を示しています。

取引コーナーは、利用者どうしが売買するので、ほかに「売りたい」と思う人がいなければあなたは買うことはできないし、ほかに「買いたい」という人がいなければあなたは売ることができません。つまり、売買コーナーでは必ず表示価格で売ったり買ったりできるのに対し、取引コーナーでは、いつでも必ず取引が成立するとは限らないのです。

▶ 取引コーナーの見方　図表11-3

bitFlyerのビットコイン取引所

bitFlyerの取引コーナー。右表中央のBTC/JPYには、1ビットコインを円と交換する場合の金額（円）が表示されている。Bid数量は「売りたい」ビットコインの数量で、Askは「買いたい」ビットコインの数量を表す。この画面の例では、304,100円で1ビットコイン買いたい人がいるということになる

bitFlyerのビットコイン販売所

bitFlyerの販売コーナー。購入価格は、取引所から1ビットコイン買う場合の円の金額。売却価格は、手持ちのビットコインを取引所に売る場合の1ビットコインに対する円の金額

○ 国内の主な仮想通貨取引所

ここまで、取引口座の開設について要点をかいつまんで説明してきました。それでは実際に国内にはどのような仮想通貨の取引所があるのでしょうか。ここで主な取引所を紹介します。

▶国内の仮想通貨取引所 図表11-4

Bitbank（ビットバンク社）

https://bitcoinbank.co.jp/

bitFlyer（ビットフライヤー社）

https://bitflyer.jp/

BITPOINT（リミックスポイント社）

https://www.bitpoint.co.jp/

BTCBOX（BTCBOX社）

https://www.btcbox.co.jp/

FIREX（キャンプファイヤー社）

https://firex.jp/

Money365（カレンシーポート社）

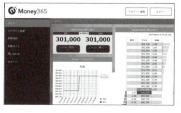

https://www.money365.online/

Zaif（テックビューロ社）

https://zaif.jp/

フィスコ仮想通貨交換所（フィスコ社）

https://fcce.jp/

※アルファベット順、五十音順。

Lesson [ビットコインの入手]

12 ビットコインを入手しよう

このレッスンのポイント

ウォレットがあればビットコインを入手するための最低限の準備は整ったことになります。しかし、実際にビットコインを入手するには、なんらかの手段でビットコインをウォレットに送金する必要があります。ここでは、ビットコインの入手方法について簡単に説明します。

○ 取引所で直接購入する

株やFXなどの投資をしたことがある人であれば、取引所で購入するハードルは高くないでしょう。そのような投資をしたことがなくても、購入自体は簡単です。

取引所で購入するには、ビットコインの購入資金として取引所の口座に円やドルを入金しておく必要があります（クレジットカードで購入することも可能）。なお、クレジットカードで購入したビットコインは、マネーロンダリング防止のために購入後1週間はほかのウォレットアドレスに移せないといった制限がある場合があります。購入したビットコインを早くモバイルウォレットなどに送金したい場合は、入金した円などで購入するのがいいでしょう。

▶ 取引所のビットコイン販売コーナーで購入する 図表12-1

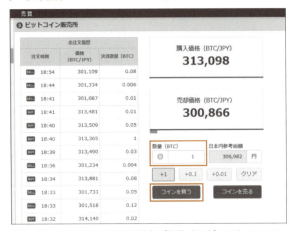

bitFlyerのビットコイン販売所の場合、［数量（BTC）］にビットコインの数量を入力して［コインを買う］をクリックする

取引所などで購入したビットコインなど仮想通貨は、元本保証されません。購入にあたっては、そういったリスクを認識したうえで自分の責任で判断しましょう。

ATMでビットコインを入手する

ビットコインはATMでも購入できます。「Bitcoin ATM Map」(http://www.coindesk.com/bitcoin-atm-map/)といったサイトで試しに東京都内周辺の地図を拡大して見てみると、多くはないもののいくつかヒットします。

ビットコインATMを使う際に気をつけなければならないことは、取引所で購入／売却するよりも、かなり高い手数料をとられることです。ふだんの購入で気軽に使うという感じではない点は、普及の妨げになっているといえます。

そのほかの入手方法

ビットコインは、いわゆる「採掘」によって手に入れることもできます。ビットコインの採掘を行う人を「マイナー」と呼びます。マイナーとはつまり、ビットコインのノードを自前で用意して、ビットコインネットワークの運営を手伝うことと同義です。ノードを運用することでビットコインの維持に貢献することで、「ビットコインを採掘できる権利（無からいきなりビットコインをゲットできるかもしれない権利）」を得るのです。「運がよければビットコインが手に入る」といういい方もできますが、実際の期待値は「採掘に利用するコンピューターの計算性能」に単純に比例します。近頃では、ものすごく性能のいいコンピューターを大量に用いて並列計算させなければ、とても採掘は見込めない時代になってきました。

このほか、ネットショップなどで買い物をしたときにおまけでビットコインがもらえることもあります。

👍 ワンポイント ビットコインと税金

ビットコイン（またはそのほかの仮想通貨）に関する税法上の扱いは、本書の執筆時点（2017年6月）で、あいまいな状況です。自治体や税務署の担当によって扱いが異なることもあり得るかもしれません。ただ、「ビットコインを使ってなんらかの利益を得た場合は、原則として課税対象になる」と考えたほうがいいでしょう。ビットコインは長期的には価格が上がり続けてきていますから、「単にビットコインを買って、その後に売っただけ」でも利益が出ている人は多いでしょう。取得時の価格と売却時の価格を比べてキャピタルゲイン（利益）が出ていれば、その利益に税金がかかります。つまり、「ビットコインを売った（法定通貨に両替した）時点の利益に対して税金がかかるということです。自前のコンピューターを使ってビットコインのノードを立て、マイニングに成功した（無からビットコインを掘り当てた）場合も、手に入れたビットコインはそのまま所得とみなされます。最近では、直接ビットコインを使って支払うことで商品を購入できるお店も増えてきました。厳密にいうと、ビットコインを入手したときの価格よりも、ビットコインを買い物に使ったときの価格（ビットコインの相場）が上がっていた場合、「支払う瞬間に利益を得た」と考えて、税金がかかる可能性があります。

なお、従来はビットコインを売る際に消費税がかかっていましたが、2017年7月以降、消費税については非課税となりました。

Lesson [ビットコインの送金方法]

13 ビットコインを送金しよう

このレッスンの
ポイント

仮想通貨（ビットコイン）は「通貨」という名前が付いていることからわかるとおり、お金そのものです。ただし、紙幣や貨幣のような形ではなく、電子的なウォレットでのみ管理できます。現実のお金の銀行振込のような形で、ほかのウォレットに「送金」することが可能です。

○ 送金に必要なもの

ビットコインを送金するときは、「自分のウォレットの秘密鍵」と「送金先のウォレットアドレス（公開鍵）」が必要です。この2つを普通のお金（日本円）の銀行振り込みに例えると、「自分のウォレットの秘密鍵」が「自分の銀行口座の暗証番号」に、「送金先のウォレットアドレス」が「送金先の銀行口座番号」に該当するでしょう。

このとき、送金先のウォレットアドレスをどうやって知るかが問題になります。

銀行口座であれば、銀行名支店名のほかに、せいぜい7桁の数字を教えてもらえればいいだけなので、口頭で教えてもらうことも可能でしょう。しかしビットコインのウォレットアドレスは27〜34桁もあり、しかも数字だけでなく欧文まじりです。大文字小文字の区別もあるので、「1MMPmi…FxHEのアドレスに送って」などと口頭で伝えるのは困難です。

パソコンのウェブブラウザー（ウェブウォレットや取引所のウォレット）を使って送金するときは、ウォレットアドレスの文字列をコピー＆ペーストする手もありますが、外出先のお店の支払いなどに利用するときはあまり現実的ではありません。その場合は、モバイルウォレットやペーパーウォレットのQRコードを提示してもらい、それを読み取ることでウォレットアドレスを取得するのが一般的です。

▶ 送金に必要なもの 図表13-1

| 自分のウォレットの秘密鍵
（＝自分の銀行口座の暗証番号） | | 送金先のウォレットアドレス
（＝送金先の銀行口座番号） |

実際には、送金先アドレスのQRコードをスマホなどでスキャンして送金する

◯ 送金できたか確認する

スマートフォンのモバイルウォレットアプリには必ずQRコードリーダー機能がついています。送金先のウォレットアドレスのQRコードを、モバイルウォレットアプリで読み取れば、即、送金できます。具体的な手順は 図表13-2 のようになります。

一連の操作の完了後、実際に送金できたかどうかは、それぞれのウォレットを確認すればわかります。送金元のウォレットはビットコインが減って、送金先のウォレットはビットコインが増えているでしょう。もしも送金操作を行ったにも関わらずウォレットに取引が反映されていない場合は、「ブロックチェーンの再スキャン」といった操作を行ってみてください。

ウォレットの金額の確認は、ウォレットの持ち主にしかできませんが、送金の取引自体は「ブロックチェーンの実装としてのビットコイン」に履歴が書き込まれており、世界中の誰でも閲覧できるようになっています。現実の銀行口座に例えるなら、自分の通帳の履歴が全世界に公開されているのと似たような感覚になるかもしれませんが、ブロックチェーンは取引履歴が包み隠さず公開されているからこそ、不正を防止できるのです。

▶ 送金の手順 図表13-2

① 送金先のウォレットアドレスのQRコードを提示してもらう（スマホの画面に表示、または印刷されたペーパーウォレットなど）

② 送金する側のモバイルウォレットアプリでQRコードリーダーを起動する

③ そのQRコードリーダーを使って、送金先のQRコードを読み取る

④ 送金するビットコインの金額を入力する

②のときに、送金額を設定する。ウォレットアプリによってはマイナーへの手数料の設定もできる

▶ 取引情報を確認する 図表13-3

blockchain.infoでは、ビットコインの取引履歴を誰でも閲覧できるサービスを提供している。ウォレットアドレスを検索することで、特定のウォレットの入出金履歴を見ることができるほか、刻一刻と増えていく世界中の取引履歴をすべて見ていくことも可能

Chapter 2 ビットコインを体験しよう

Lesson 14 ［セキュリティ］
ビットコインのリスクを知ろう

このレッスンの ポイント

ブロックチェーンの実装としてのビットコインは、全世界の7000以上のノード（コンピュータ）が連携して稼働しており、このシステム自体が突然停止したり破綻するようなリスクはほぼゼロです。ビットコインに関わるリスクの多くは、ウォレット管理の部分になります。

紛失リスク

ブロックチェーンの実装としてのビットコインにはほぼリスクはありませんが、その基盤上で利用するお金には一定のリスクがあります。

例えるなら、「日本国そのものが破綻しない限り日本円が破綻することはないだろうが、それぞれの個人がお金を紛失したり盗まれたりするリスクはあるだろう」という話と本質的に同じです。

ビットコインはウォレットによって管理されているため、ウォレットの秘密鍵（銀行口座の暗証番号に該当）を忘れてしまうと、ウォレットのなかの資産は永遠に失われてしまいます。

銀行口座の場合は、暗証番号や口座番号そのものをすべて紛失したとしても、銀行に登録した個人情報などを確認することで、必ず口座を再び利用できるようになります。しかしビットコインのウォレットはそもそも個人情報の登録など存在しない（取引所のウォレットを除く）ため、一度紛失すると二度と戻ることはないのです。

▶ 紛失リスク＝ウォレットにアクセスできなくなる 図表14-1

ウォレットの秘密鍵をなくすとウォレットに保管されたビットコインに永久にアクセスできない（＝なくしてしまう）

盗難リスク

ビットコインは、ウォレットの秘密鍵がなければ、勝手に持ち出すことはできません。逆にいえば、秘密鍵さえあればなんでもできてしまいます。したがって秘密鍵は絶対に他人に知られてはいけません。銀行口座の通帳と銀行印、またはカードと暗証番号を他人に渡してはいけないのと同じです。
「秘密鍵の盗難」というと、印刷されたペーパーウォレットやモバイルウォレットをインストールしたスマートフォンの盗難を想起するかもしれませんが、インターネット経由での情報漏洩にも注意する必要があります。特にウェブウォレットや取引所のウォレットを利用している場合、秘密鍵がサービス事業者側に知られていることになるため、事業者側で盗難される可能性がゼロではありません。
実際に、2014年に起こったマウントゴックス事件では、利用者に落ち度がなく、事業者の内部でビットコインが盗まれました。

ブロックの恒久的な分岐に関するリスク

ブロックチェーンは一時的な合意の不一致が起きた際、分岐（フォーク）をすることがあります（第4章で詳しく説明しています）。この場合はせいぜい数ブロックのうちにどちらかのチェーンが長くなり、自然に解消するので普通はこれを意識する必要はありません。

しかし、ブロックチェーンの約束ごとそのもの（たとえば、ブロックの上限サイズ）を変更しようとしたときに意見が対立すると、互換性のないブロックを作るハードフォーク（恒久的な分岐）が起きることがあります。これはめったにあるものではありませんが、本書の執筆時、現在進行形でハードフォークがなされようとしており、ビットコインのブロックは、もとからの名を継ぐ「ビットコイン」(BTC)と「ビットコイン・キャッシュ」(BCCまたはBCH)と呼ばれる新コインに分離されることになりました。

この分岐は、これまでのいろいろな知見から、できるだけ安全に行われるように計画がなされています。しかしそれでも、安全性を考えれば送金がきちんと行われるのを確認するまで様子を見るというくらいの慎重性を持つほうがいいでしょう。

> ビットコインは歴史的な経緯により、世界中の開発者が英知を結集して議論を尽くしています。バージョンアップにも、いろいろな立場からのけん制が効いており、もっとも保守的に行われているブロックチェーンです。ビットコイン以外の仮想通貨は、これほどの規模をもった開発コミュニティがないため、特に恒久的分岐にはリスクが伴うことを念頭においておくほうが無難です。

Lesson 15 ［ビットコインとブロックチェーン］
ビットコインの取引時にブロックチェーンではなにが起きているか？

このレッスンのポイント

通貨としてのビットコインを送金するという行為は、ブロックチェーンの実装としてのビットコインに**トランザクション**を送るという操作と同義です。そのとき、ブロックチェーンのなかでなにが起こっているのか、その仕組みを見ていきましょう。

○ ビットコインの流れとブロックチェーン

仮想通貨としてのビットコインは本来、ブロックチェーンの実装としてのビットコインの運営を支える「マイナー」に対して、インセンティブを与えることが目的です。

第1章で「ブロックチェーンは仮想通貨の取引履歴を記録することに特化したデータベースである」といった説明をしました。ビットコインもブロックチェーンの実装の1つである以上、原則としてはその性質を受け継いでいます。

ウォレットの持ち主（秘密鍵を知っている人）が、ほかのウォレットに送金をするとき、ウォレットアプリケーションは、ビットコインネットワークに対して、トランザクションを送ります。

送られたトランザクションは、すぐにブロックチェーンに取り込まれるわけではありません。「トランザクションプール」と呼ばれる、一時的な待機場所に保存されます。その後、マイナーたちは、そのトランザクションをブロックに取り込みながら、採掘作業を行いますが、そのうちの1人がめでたく採掘に成功すると、ブロックはビットコインのネットワーク上にブロードキャスト（拡散）され、ブロックチェーンにその成果が書き込まれます。

マイナーが採掘に成功する頻度は、平均して約10分に1回といわれています。あくまで平均値なので、運が悪ければ、数時間にわたって全世界のマイナーが誰も採掘に成功しないこともありえます。その場合、ウォレットの 利用者の目には「送金したはずなのにいつまでも実行されない」と見えるでしょう。原則として利用者は待つ以外に方法はありません。

> 第6章で詳述しますが、マイナーに支払う**トランザクション手数料**の設定が安すぎるせいでいつまでも送金記録がブロックチェーンに反映されないケースもあります。そのときは取引手数料を設定しなおして再度トランザクションを送り直すことで、取引が実行されるでしょう。

Chapter 2　ビットコインを体験しよう

056

⭕ 個人間で送金したときは

個人間でビットコインの送金を行う場合、ウェブウォレットかモバイルウォレットアプリを使って送金することになるでしょう。ウォレットは、送金時にブロックチェーンのプロトコルに従ってトランザクションを作成し、ビットコインのネットワークに送信します。ここまでは後述の「小売店でビットコインを使ったとき」も同じです。

送金される側のウォレットは、ブロックチェーンのネットワークにアクセスして「自分のウォレットアドレスが関与するトランザクションの履歴が存在することを確認する」という方法で、手元のウォレットの残高を表示します。つまり、ブロックチェーン側でトランザクションが取り込まれなければ、「送金を受ける側」では送金された事実を確認できません。これは前述のブロックチェーンの仕組みに従って考えれば当然です。

⭕ 小売店でビットコインを使ったときは

最近では、日本でも小売店などでビットコインを使って直接決済できる場所が増えてきました。

小売店で支払いを行う場合、「消費者のウォレットから小売店のウォレットに送金する」という手続きを行うことになるので、本質的には前述の「個人間での送金」と手続きは変わりません。

ただし、小売店（送金される側）が、ブロックチェーンにトランザクションが書き込まれることを待って、取引履歴を確認してから店頭決済を行うのは現実的ではないでしょう。ブロックチェーンの実装としてのビットコインは、前述のようにトランザクションの書き込みに平均10分かかるので、小売店の店頭でそのまま運用してしまうと「レジの前でお客さんを平均10分待たせて支払い手続きを完了する」という事態になります。

したがって、小売店などでビットコイン決済を行う場合は、ブロックチェーンへのトランザクションの書き込みを待ちません。

お客さんのモバイルウォレットのインターフェイスを通して、送金（支払い）手続きが完了したことを確認した瞬間、（まだブロックチェーンにトランザクションが書き込まれていないことを承知で）見切り発車状態で決済を完了します。もちろんこの場合、小売店側にある程度のリスクが発生することになります。

> この見切り発車で決済を完了することを「ゼロ・コンファメーション」といいます。これについては第6章のレッスン46で詳しく説明しています。

Chapter 2　ビットコインを体験しよう

NEXT PAGE ➡ 057

◯ 取引所はどのようにビットコインを管理しているか

利用者が取引所に口座を開設したとき、取引所がどんな仕組みでビットコインを管理しているかを見ていきましょう。すでに説明したとおり、ビットコインはブロックチェーン上に記録されています。そして取引所では、「どの利用者がいくらビットコインを持っているか」を個別に管理しています。したがって、「取引所は1人1人の利用者に個別のウォレットを割り当て、各利用者の所有するビットコインをそれぞれのウォレットで管理している」と解釈するのが自然に思えます。

しかし、運用実態は少し異なります。

取引所の外から利用者（取引所に口座を持つ人）宛てに送金されることを考えると、利用者ごとに個別のウォレットが用意されていることは間違いありませんが、そのウォレットはいわば「送金を受けるための窓口」のような役割を担っているだけです。外から取引所の利用者ごとに割り当てたウォレットアドレスにビットコインが送られてきたときは、「この利用者にいくらのビットコインが送られてきた」という履歴をブロックチェーンではなく取引所内部の独自のデータベースに記録します。そのうえで、「利用者の窓口のウォレットアドレス」から「取引所の管理用のウォレットアドレス」にビットコインを移します。

「取引所の分別保管用のウォレット」には、「取引所の全利用者が所有するビットコインの合計（またはそれ以上の額）」のビットコインが入っていることになります。

取引所の利用者から外部に送金するときは、「この利用者の持ち分のビットコインがいくら減った」という履歴をデータベースに記録したうえで、「取引所の管理用ウォレット」から、指定の額のビットコインが外部のウォレットアドレス宛に送金されます。

▶ 取引所ではまとめて管理 図表15-1

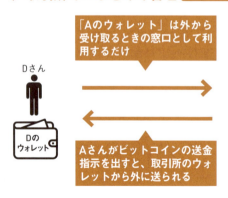
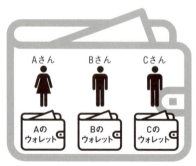

取引所のウォレットが全利用者のビットコインをまとめて管理し、取引所に開設した口座はあくまで窓口としての機能しか持っていない

○ ブロックチェーンビューワーを見てみよう

ここまでブロックチェーンでなにが起こっているかという話をしてきましたが、なかなかイメージはつかみづらいでしょう。ブロックチェーンビューワーというサービスを利用すると、ブロックチェーンの動きをビジュアルで見ることができます。代表的なブロックチェーンビューワーとして「chainFlyer」を紹介しましょう。chainFlyerは、きれいなグラフィックでブロックチェーンの中身を観察できるブロックチェーンビューワーです。たくさんのトランザクションが空から降ってくる様子が描かれていますが、これは世界中から投かんされている取引情報をリアルタイムに表しています。これらのトランザクションデータは、この時点ではまだブロックには取り込まれていません（トランザクションプールに保管される）。

▶ chainFlyer 図表15-2

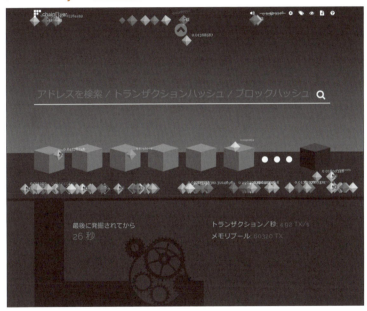

chainFlyerでは、新しいブロックができる瞬間、あたりが暗くなり、新しいブロックが出現してくる演出がされている
https://chainflyer.bitflyer.jp/

一番右側に表示されている黒いブロックは、本章の冒頭でも紹介した、ビットコインの最初のブロック「ジェネシスブロック」を表現しています。このブロックも開くことができ、これを覗いてみるとなにやらかっこいいイメージがでてきます。ぜひ実際にクリックしてみてください。

Chapter 2 ビットコインを体験しよう

NEXT PAGE ➡ | 059

◯ トランザクションの中身を覗いてみる

chainFlyerの画面にいくつか並んでいるオレンジ色のボックスは、ブロックチェーンのブロックを表現しています。このブロックのなかにはたくさんのトランザクションが込められており、これをダブルクリックして開けるとトランザクションが飛び散るような演出が起こります（実際にはこのような現象は起こりません）。

1つのブロックのなかには、およそ数百から千程度のトランザクションが詰まっています。このなかから1つ、理解しやすそうなトランザクションを開いてみました（ 図表15-3 ）。

▶ chainFlyerでトランザクションを開いたところ 図表15-3

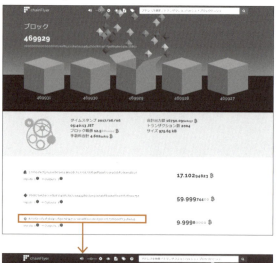

「469929」のブロックを開き、さらにそのなかから1つのトランザクションをクリックする

そのトランザクションの中身が確認できる。Inputに記載されているのがもとからあった残高で自分のアドレス（1ATMmiq9zx…）が記載されている。Outputを見ると「114Qf1BLZm3…」のアドレスに宛てて0.9ビットコイン送金し、さらに自分のアドレス宛に9.0998ビットコインを送金したことがわかる。Outputを合計するとInputの額と等しくなるが、マイナーに支払った手数料分引かれているので、0.0001ビットコイン少なくなっている

支払った額

おつりとして戻した額

もとからあった残高

○ ビットコインの寄付も閲覧できる

どのアドレスから、何件くらいトランザクションが送られているのかは、ブロックチェーンビューワーを見れば一目瞭然です。つまり、世界中のみなさんが私宛のビットコイン寄付を閲覧することができます。逆にいうと、私がこっそりと使っても、みんなにばれてしまうことになります。以下のどちらで見ても同じ取引内容が確認できるはずです。これが、ビットコインの醍醐味です。

▶ **著者のビットコインアドレスの取引履歴** 図表15-4

chainFlyerのビューワーで確認
(https://chainflyer.bitflyer.jp/Address/1MMPmi4b6HwV1yC4mGE4vATxM1h9U1FxHE#)

chainFlyerで検索窓に著者のビットコインアドレス（ワンポイント参照）を入力して検索すると、取引履歴が表示される

> 現時点では、本書の送金テストに使った0.01ビットコイン分の往復の送受信だけが記録されていますが、ここから先、どんなトランザクションが記録されていくでしょうか。とても楽しみです。

👍 ワンポイント　著者宛に直接ビットコインを投げ銭してみよう

この本の寄付を受けつけるために、ビットコインのアドレスを1つ用意しました。こちらのアドレスに、ビットコインを送っていただくと、直接著者に投げ銭をすることができます。図表15-4の画面内のQRコードをスキャンすると簡単に送付可能です。

▶ **著者のビットコインアドレス** 図表15-5

```
1MMPmi4b6HwV1yC4mGE4vATxM1h9U1FxHE
```

COLUMN

ウォレットの運用レベルはいろいろ

ビットコインのウォレットは、オープンな規格であるため、ここまでに紹介した「ウェブウォレット」や「モバイルウォレット」そして「ペーパーウォレット」以外にも「デスクトップウォレット」や「ハードウェアウォレット」など、たくさんの実装があります。しかも、そのいずれもが互換性を持っている点が、従来型の決済システムとは決定的に違う点です。

従来型の決済システムと違うといえば、コアなビットコインの利用者は特に「管理者を信用しない」傾向が強く、そういう人は、今回本書で紹介したような、ある特定の企業が提供し、アカウントを発行し、ログインの管理しているタイプのウェブウォレットサービスや、モバイルウォレットサービスをあまり好みません。

そのような人たちは、インターネットに接続されているパソコンで、送金を行うトランザクションを作成することは危険であると考えていて、わざわざインターネットから断絶されたパソコンを使って署名を行う仕組みを整えている人らいます。

「署名専用のオフラインパソコンを準備する」というのは一般にはいささか大げさすぎますが、取引所では、このような環境を準備しているところも少なくありません。一方で、普通の利用者がそれとほぼ同じことを手軽に行うために開発されたウォレットシステムが「ハードウェアウォレット」と呼ばれるデバイスです（レッスン37の 図表37-4 ）。

ハードウェアウォレットは、トランザクションの生成と署名を、インターネットから隔離されたところで安全にこなすことができる、小さな専用回路を持ったデバイスです。

このデバイスのなかで使われる鍵は、そのデバイス内で生成され、セキュリティの高いICチップの中にしまわれています。もし、これを無理やり取り出そうとすると、ハードウェア自体を破壊しなければならない構造になっています。

ハードウェアウォレットは、インターネットの通信機能などはいっさい持っていません。自らが署名したトランザクションは、通信機能を持つパソコンやスマホに委託することで、ブロックチェーンネットワークへの送信を可能にしています。

> ハードウェアウォレットは、ネット通販サイトなどで購入できます。なお、ハードウェアウォレットによって扱える仮想通貨が異なる場合や、日本語のサポートが受けられない場合があるので、事前にメーカーサイトなどでチェックしてから購入しましょう。

Chapter 3

ブロックチェーンを支える暗号技術を学ぼう

ブロックチェーンを正しく理解するためには、暗号技術に関する知識が必要となります。安全性と信頼性を高めるための仕組みを見ていきましょう。

Lesson 16 ［暗号技術の目的］
情報システムを支える現代暗号技術

このレッスンの
ポイント

インターネット上でやりとりされるデータは、常に傍受されるリスクにさらされています。ブロックチェーンも例外ではありません。そのため、傍受されて困るデータは、内容を読みとれない形に変換してやりとりします。この変換のことを<u>暗号化</u>といいます。

○ そもそも「暗号」の目的とは？

「暗号」と聞くと、なにを思い浮かべるでしょうか？　暗号を説明する場面ではよく、「アリス」と「ボブ」という2人が出てきて、<u>秘密のやりとり</u>を行う例が示されます。この秘密のやり取りをするために、人が理解できる文章をなんらかのルールで理解できない形に変換することを「暗号化」といいます。もとの文章を「平文」、暗号化された文章のことを「暗号文」（または単に「暗号」）といい、暗号文を平文に戻すことを「復号化」といいます。

歴史を見ると、暗号の目的としては、ほかの人に聞かれては恥ずかしいことや、悪いことを企てるため（たとえば、戦争の作戦や暗殺の指令）に利用されてきました。
コンピューターが発達する以前の暗号技術は、このようにもっぱら「秘密のやりとり」を行うために利用されてきました。そのため少し後ろめたい技術だという印象を持っている人もいるかもしれません。

▶ 暗号のイメージ　図表16-1

アリス

平文：明日3時に神保町駅
↓ 暗号化
暗号文：53616c74……

暗号文で送信

暗号文：53616c74……
↓ 復号化
平文：明日3時に神保町駅

ボブ

送信者（アリス）が平文を暗号化して送信し、受信者（ボブ）は暗号文を復号化して内容を読みとる

もともと暗号は秘密のやりとりを行う技術として開発されました。

064

Chapter 3　ブロックチェーンを支える暗号技術を学ぼう

○ 現代における暗号の使命

コンピューターが発達した現代において、暗号の技術は、秘密のやり取りを行うための道具から脱皮して、日常生活の安心と安全を守るための番人に変身しました。同時に、文書の秘密を守るだけが目的ではなくなり、図表16-2のようにさまざまな特徴を持つようになりました。

▶ 暗号技術のさまざまな役割　図表16-2

- 文書へのアクセス権を特定の人のみに限定する
- 文書の内容が改ざんされていないことを保証する
- 文書の作成者の署名を検証し証明する
- 文書がある時点に存在した事実を証明する
- 文書に記載された内容を否認できないようにする

○ ブロックチェーンは暗号技術をベースにしている

暗号技術は、あらゆる情報システムの信頼性を支えています。ライフライン、交通システム、金融決済システムなど、ミッションクリティカルな世界のシステムには、必ず暗号技術が駆使されています。もし、暗号技術が正常に機能しなくなると、インターネットが使えなくなるだけではなく、生活そのものが成り立たなくなるくらいのインパクトがあるのです。

それにもかかわらず、暗号技術の活躍は、私たちの目に触れることがほとんどありません。ブロックチェーンは、上述のような暗号技術の特性を巧妙に組み合わせて、アリスとボブのような当事者2人の間だけではなく、ネットワークに参加する全員が恩恵を享受できるようにする仕組みです。そのため、ブロックチェーンの振る舞いを正しく理解するには、暗号に関する数多くの前提知識が必要となります。

▶ 暗号技術によって成り立っている情報システム例　図表16-3

- 電気、ガス、水道の監視や制御
- 電話、メールの通信内容秘匿
- 交通管制システム（鉄道、飛行機、自動車）のデジタル通信
- 金融取引システム

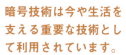

暗号技術は今や生活を支える重要な技術として利用されています。

○ かつての暗号方式

通常、暗号には「秘密の作り方」(暗号化)と「秘密の解き方」(復号化)について、それぞれの手法と「秘密を解く鍵」がセットになっているのが一般的です。

紀元前から存在したアルファベットをある数だけずらして読む、換字式の「シーザー暗号」、16世紀に発明された、文字の配置を1文字ごとに換え、その配列を記したコードブックを鍵とした転置式の「ヴィジュネル暗号」、そして、これらの暗号の特徴を組み合わせて、20世紀半ばに登場した機械式の「エニグマ暗号」など、ほかにもたくさんの暗号方式が存在しましたが、いずれも、暗号の「作り方」「解き方」そして「鍵」は、けっして外部に漏らしてはいけない秘密事項でした。

▶ **暗号化・復号化・鍵の仕組み** 図表16-4

シーザー暗号のイメージ。平文の各文字を、アルファベット順に右に3文字ずつずらすと、「B」は「E」に、「L」は「O」となる。このルールですべての文字を変換すると「BLOCKCHAIN」が「EORFNFDLQ」となる。「アルファベット順に右に3文字ずらす」というルールが鍵となり、これを受信者だけに渡すことで受信者だけが復号化できる

かつての暗号は、いずれの方式においても、「作り方」「解き方」そして「鍵」は、守らなければならない秘密事項でした。

◯ 数学理論をベースとした現代の暗号

コンピューターが発達して以降の「現代暗号」にになると、数学の理論をベースとした暗号技術が主流となり、暗号の「作り方」や「解き方」、そして「鍵の作り方」までも、秘密事項ではなくなりました。秘密にしなければならないものは、公開されているレシピ通りに作られた「個別の鍵」のみとなったのです。

現代暗号の方式には、大きく分けて「共通鍵暗号方式」と「公開鍵暗号方式」の2種類が存在します（図表16-5）。

これらのうち、ブロックチェーンの実装によく使われているのは「公開鍵暗号」です。なかでも、鍵の長さがほかの公開鍵暗号と比べても短くて済む、楕円曲線暗号がよく使われます。

「公開鍵」は文字通り、広く公開してしまってもかまわない鍵ですが、一方の「秘密鍵」は、文書の作成者のみが持つべき鍵で、絶対にほかの誰かに知られてはいけません。

▶ 共通鍵暗号と公開鍵暗号 図表16-5

- 文書を暗号化するための鍵と、暗号文を復号化する鍵が「共通」
- 暗号化された文書は「共通鍵」を入手することで誰でも復号化できる
- 代表的な暗号方式「DES」「AES」など

- 「秘密鍵」と「公開鍵」の2種類の鍵を生成して文書を暗号化する方式
- 公開鍵は通信相手に渡しても安全とされている
- 「秘密鍵」を用いて暗号化した文書は「公開鍵」をもってのみ復号化できる（秘密鍵では復号化できない）暗号方式
- 代表的な暗号方式：「RSA」「楕円曲線暗号（ECDSA）」など

共通鍵暗号と公開鍵暗号には、それぞれこのような特徴がある。ブロックチェーンでよく使われているのは公開鍵暗号

公開鍵暗号については、次のレッスン17で詳しく取り上げます。

Lesson [公開鍵と秘密鍵]

17 特定の人だけが情報にアクセスできる「公開鍵暗号」

このレッスンのポイント

「**公開鍵暗号**」は、暗号を作る鍵と解く鍵がそれぞれ異なる非対称な暗号方式です。公開鍵で暗号化された文書は、対になる秘密鍵で解かなければならない特性を持っています。これは、スーパーコンピューターを使っても何万年もかかる数学的な難問を基盤としています。

◯ 公開鍵暗号で仮想通貨を実現する仕組みを提供

ブロックチェーンのように、複数の参加者が存在するネットワークにおいて、特定の人だけに文書のアクセス権やコントロール権を与えようとしたときに役に立つのが「公開鍵暗号」技術です。「公開鍵」を用いて暗号化した文書は「秘密鍵」をもってのみ復号化できるという特性があることから、公開鍵暗号は、「特定の人を指名して、その人だけが所定の操作を可能とする」仕組みを作ることに適しています。

ブロックチェーンでの応用でいえば、「あるコインを特定の人に送付して、その人だけが使えるようにする」という、仮想通貨を実現するためのもっとも根源的な仕組みを提供しているのが、公開鍵暗号の仕組みです。

▶「公開鍵」を用いて暗号化した文書は「秘密鍵」をもってのみ復号化できる　図表17-1

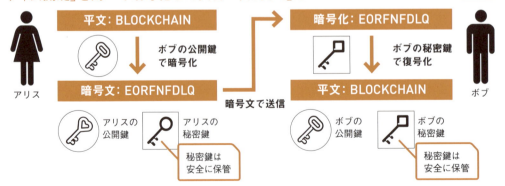

送信者（アリス）は、受信者（ボブ）が公開している鍵（公開鍵）を使って暗号化する。ボブの公開鍵で暗号化された暗号文は、ボブが持っている秘密鍵でのみ復号化できる

○ 解読しようとすると膨大な時間がかかる

公開鍵暗号にはいくつかの種類があります。いずれもが、A→B方向への変換はすぐに計算で求められるのに対して、B→Aに戻すことが非常に困難という性質を持つ数学的な難問を応用して作られています。これは、効率的な計算方法が見つかっておらず、総当たり探索するにしても絶望的に時間がかかると見積もられているものです。

状況をイメージしやすいように、手元でも簡単に計算可能な素因数分解の問題を例示します（図表17-2）。この5桁の素数どうしの掛け算10,007×19,997は、電卓を使えば答えが200,109,979になることは容易に導き出せます。

反対に、200,109,979を素因数分解した結果が10,007と19,997の掛け合わせであることを知るためには効率的な方法がなく、地道に素数の掛け合わせを試して、200,109,979となる組み合わせを見つけるほかにありません。

もしこれを手動で行わないといけないとなれば、ほぼ不可能です。Excelを使っていいといわれても、きっとできないでしょう。

▶ **大きな数の素因数分解は難しい** 図表32-2

10,007 × 19,997 ＝ 200,109,979

素数どうしの積は簡単に計算できる

200,109,979 ＝ ？ × ？

桁数の多い数を素因数分解するのは難しい

実際の暗号方式では、数百桁のもっと巨大な数が使われています。

○ 数学的難問を応用したアルゴリズム

上の例の場合に、片方の素数が「10,007」であることをあなただけが知っていた場合どうなるでしょう。そうなれば、200,109,979÷10,007＝19,997という計算をして、あなただけが苦もなくもう片方の素数を導き出せるのです。

実際の暗号では、このように単純な計算を行うわけではなく、もっと巨大な桁数（数百桁以上）を用いて、もっと複雑な計算をします。公開鍵暗号の理屈は、このような考え方を高度に発展させたものです。

そのときに利用される数学的難問というのが、巨大な数の素因数分解問題や、離散対数問題などです。これらは最適な解法がいまだ発見されておらず、未来永劫にわたって解法が見つからないと考えられている「落とし戸付き一方向性関数」と呼ばれる類の関数です。

スーパーコンピューターを用いてフル回転で計算しても、解の発見には何万年もかかると見積もられている問題が、公開鍵暗号のアルゴリズムとして採用されています。

通信経路上で安全に共通鍵を交換する

公開鍵暗号を使えば、暗号を解く鍵を交換する必要がなくなるので、「危険な通信経路上で暗号鍵を交換しなければならない共通鍵暗号はなくなっても大丈夫」と考える人がいるかもしれません。

しかし、公開鍵暗号には忘れてはならない欠点があります。それは、<u>公開鍵暗号は共通鍵暗号に比べて桁違いに計算に時間がかかるので、大きなデータの暗号化には向いていない</u>ということです。

実際にSSL/TSL（主にインターネットの通信を暗号化するため手順）などの実装を見ても、公開鍵暗号はそのまま暗号用の鍵に使われることは多くありません。どちらかというと、メインの文書暗号化に利用するための共通鍵暗号の受け渡しのために一時的に使われたり、電子署名の用途がメインだったりします。

▶ 公開鍵暗号を使って共通鍵暗号を交換 図表17-3

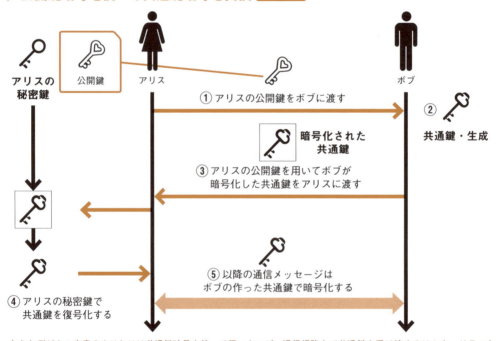

大きなデジタル文書のやりとりは共通鍵暗号を使って行いたいが、通信経路上で共通鍵を受け渡すのはセキュリティ上避けたい。そこで、共通鍵自体を公開鍵暗号を使って暗号化すれば2人で共通鍵を共有できる

通常、公開鍵暗号は、大きなデジタル文書の暗号化には向いていません。一般的には共通鍵の交換や署名用途にのみ使われています。

👍 ワンポイント ブロックチェーンでよく利用される公開鍵暗号

「RSA」という有名な公開鍵暗号技術がありますが、ブロックチェーン技術では「楕円曲線暗号」（ECDSA）という公開鍵暗号技術がよく使われています。

共通鍵暗号のビット数を基準として、公開鍵暗号がそれと同じ程度の強度を持つには、どの程度の鍵長が必要になるかを示した表があります。これを見れば一目瞭然ですが、RSAに比べてECDSAは同じ程度の強度であれば、かなり短い鍵で足りることがわかります（図表17-4）。

ブロックチェーンでは、署名を多用したり、鍵の交換をしたりする場面も多く、特に小さなコード領域でこれらをハンドリングしたいとなると、コンパクトな公開鍵システムのほうがなにかと便利なのです。

それに加えて、処理の計算量に着目してみると、ECDSAの署名処理はRSAに比べて1桁速い点もポイントです。ブロックチェーンのネットワークでは、投かんされるすべてのトランザクションに電子署名が施される必要があり、かつ、署名を行う環境も計算力が非力なことも多いため、計算量の観点からもより都合がいいのです。

さらに、署名検証処理に関していうと、セキュリティビット換算で128bit以上が推奨されている現時点では、RSAの2048bitや4096bitというクラスの鍵長までは、RSAのほうがまだ少し速いのですが、今後、長い鍵長が求められるようになってくると、ECDSAの検証のほうが逆転・有利になってきます。

このような理由から、ブロックチェーンの世界では、ECDSAが一足先にデファクトスタンダードになっていますが、SSL/TSLの分野でも、同じ理由でRSAからECDSAの移行がはじまっているところです。

▶RSAとECDSAのセキュリティ強度　図表17-4

セキュリティービット数	共通鍵暗号	素因数分解暗号（例:RSA）	楕円曲線暗号（例:ECC/ECDSA）
80	2TDEA	k=1024	f=160〜223
112	3TDEA	k=2048	f=224〜255
128	AES-128	k=3072	f=256〜383
192	AES-192	k=7680	f=384〜511
256	AES-256	k=15360	f=512以上

出典：http://csrc.nist.gov/publications/nistpubs/800-57/sp800-57-Part1-revised2_Mar08-2007.pdf

Lesson
18 [暗号の強度]
安全な暗号鍵を生成するために必要な乱数生成法

このレッスンの
ポイント

暗号の「強度」はいかに規則性を持たない乱数を得るかにかかっているといっても過言ではありません。しかし、コンピューターの世界では「規則性を持たない」という条件を満たすことが困難であり、安全な鍵を得るためには、今でもアナログな方法に頼る必要があります。

○ 暗号の安全性は規則性を持たない予測不能な乱数がベース

現代暗号においては、暗号化に用いる鍵をいかに安全に保つかということが大切であり、かつ、重要な課題であるかをここまでのレッスンでお話ししてきました。

現代暗号における鍵は、共通鍵暗号、公開鍵暗号の別を問わずに、そのもととなる鍵の生成時に、いかに規則性を持たない予測不能な乱数を得ることができるかに、その安全性の大半がゆだねられているといっても過言ではありません。

▶ 暗号用途には不向きな乱数の例　図表18-1

一見ランダムに見えるが、規則性があって次が何色か予測できる

? は ● か ○ か推測がつくと … 乱数ではない　　（答え）○

○と●は3行×8列でランダムに並んでいるように見えるが、実は○と●が反転し左右対称になっている。そのため?部分は○が入ることが予測でき、この乱数には規則性があるといえる

本物の乱数列には規則性がまったくないので、当然再現性もありません。しかしながら、コンピューターは「規則性」も「再現性」もなく「予測可能性」のない動作を継続するという作業がとても苦手なのです。

コンピューターは擬似乱数しか作れない

コンピューターが作り出す乱数は「擬似乱数」と呼ばれます。そして、擬似乱数を導き出すロジックやプログラムのことを「擬似乱数生成器」といいます。

ここでわざわざ「擬似」という接頭辞が使われることには理由があります。コンピューターが出力する擬似乱数は、一見「規則性」を持たない値が得られているように見えても、一種の関数に与えられた入力値によって導き出されるのです。関数とは、同じ値を入力すれば、必ず同じ値の出力が得られる特性を持つ計算器を指します。関数の一種である擬似乱数生成器もその例に漏れず、「再現性」と「予測可能性」が完全に保証されています。擬似乱数生成器に、乱数の種となる「シード」と呼ばれる値を与えると、一見乱数に見える値を出力します。しかし、この擬似乱数生成器では、与えられるシード値が同じであれば、必ず同じ乱数列が得られるという性質を持っています。これは、純粋な「乱数」とはいえないので、「擬似」というわけです。

予測可能な擬似乱数は暗号に不都合

シード値がわかってしまえば、誰にでも同じ乱数が取り出せるという特性は、ゲームのような世界では便利に使うことができます。

じゃんけんゲームをコンピューターで作ろうと考えたとき、ある計算ルールにのっとって「グー」「チョキ」「パー」のどれが出るかを決めるとします。このときに使った「計算ルール」がわかると、どのコンピューターを使っても次になにが出るかを推測することができるようになってしまいます。このような特性を「再現性」といいます。

しかし、この再現性の特性は悪いことばかりではなく、たとえばコンピューターに何回もの繰り返しのじゃんけんを行わせたい場合、計算ルールの計算式さえあれば、何百回でも、何千回でもデータを保持することなく必ず同じ順番で再現することができるため、その出目情報をどこかに保存しておく必要はありません。

これを応用した例が、ロールプレイングゲームの「復活の呪文」です。復活の呪文は、ご存知の通りその文字列を入力すると、フィールド上でのモンスターの出現場所を再現できるようになります。

> 規則性のない予測不能なシードから作られる鍵と、規則性があって予測可能なシードから作られる鍵では、前者のほうが攻撃者にとって厄介であること、つまり、安全性が高いことは自明ですね。

◯ 安全な鍵を作るのにいまだサイコロを使っていることも

現代暗号は、コンピューターの発達によって実現した技術です。しかし、現代暗号を利用するために、安全な鍵を作りたいときに「良質な乱数」をコンピューターのみを用いて得ることは難しいのが現状です。いまだに「サイコロを何度も振る」といった、原始的でアナログな方法によるのが、規則性も、再現性も、予測可能性もいっさいなく、一番安全であるといわれています。

▶ 規則性を持たない乱数を作る 図表18-2

無作為な乱数

1010101010001011 0010101

たとえば、サイコロを振って奇数が出たら「1」、
偶数が出たら「0」と決める
これを何度も繰り返して乱数を作る

サイコロを振って出た数字を用いるといったアナログな手法であれば一番安全な乱数が生成できる

> 生成する鍵の安全性を重視する業務用の乱数生成器のなかには、物理的なサイコロをいくつか格納しており、それを何度も転がして、その出た目の奇数／偶数で、1／0の乱数列を取り出すといった機能を有しているものもあります。

◯ 実用的に使える乱数の作り方

暗号用の鍵を作る乱数生成のために、毎回サイコロを振るというオペレーションは現実的ではありません。そこで、コンピューターを用いながらも、安全な乱数を得るために、たとえば、利用者にマウスカーソルを適当にしばらく動かしてもらって、その座標の変化をもとにしたり、スマートフォンであれば、タッチパネル上での指の動きや、乱数生成のために簡易ゲームを用意して、筐体の傾きや振動の変化をもとにシード値を作り出したりするなど、いろいろな手法が考案されています。

👍 ワンポイント　なぜ人間は無作為な乱数を作れないのか？

「良質な乱数はサイコロを振って出た目をもとに作る」という話をしましたが、何度もサイコロを振るのは面倒なので、人間が適当に乱数を書き出してしまえば、再現性もないし予測可能性もないし、良質な乱数が得られるのではないか？と考えることがあるかもしれません。

しかし、実際にやってみると、それは思いのほか難しいことに気づきます。

人間がやるとどうしても「無作為に見えるように作為的にしてしまう」ことになってしまうからです。人には「なくて七癖」ともいわれるくらい、無意識のなかでも好き嫌いが生じてしまい、配列のパターンにそれが出てしまうものなのです。著者も実際に子供の頃、学校のレクリエーション行事で○×クイズを出題する側となり、問題を準備していたところ、低学年の参加者たちの正解率が異様に高く、なかなか脱落しないので不思議に思ったことがありました。

ところが、ある時点でその子たちが一気に脱落して、そのとき「パターンが変わった！」と叫んだ子がいて、ハッとしました。それまで自分では気づきませんでしたが、よく見ると、しばらくの間、○×が交互に単調に連続していたのです。○と×が不自然に連続しないようにしようという無意識の気持ちが強すぎたせいで、結果的に○と×が交互になってしまい、パターン化してしまった、というわけです。

人間が作為を完全に排除して、再現性や予測可能性がない良質な乱数を作るのは、相当困難であるといえます。

> 人間が無作為な乱数を書き出すと、「無作為に見えるようにしよう」という動機が働き、結果的に作為的になってしまうのです。

Lesson 19 ［ハッシュ関数の仕組み］
デジタル文書の改ざんを検出する「一方向ハッシュ関数」

このレッスンの
ポイント

ブロックチェーンの技術を語るうえで最重要な技術ともいえる技術が「ハッシュ関数」です。デジタル文書が少しでも改ざんされていればただちに検出することができ、その特性により、ある特定のデジタル文書を指し示す一種のIDとしても利用できます。

○ 重要な技術である一方向ハッシュ関数

ブロックチェーンの技術を語るうえで、もっとも重要な技術といえるのが「一方向ハッシュ関数」です。普通は「一方向」を取って単に「ハッシュ関数」または「ハッシュ」と呼ばれることが多いです。

ハッシュ関数は、これがないとはじまらないというくらい、暗号分野では頻出する技術です。しかし厄介なことに、ハッシュ関数の振る舞いを日常生活での身近な例に置き換えることはおそらくできず、数学や暗号の知識がまったくない人に言葉だけで説明して理解してもらうことはとても難しいのです。

ハッシュ関数とほかの通常の関数とを比べると、「ある入力値に関して常に同じ値を返す」という性質がある点までは同じです。ハッシュ関数の特徴は、「なにをする関数か？」がわかっているとき、任意の入力値を与えた場合に、どんな値が返ってくるかが、まったく予想できないという点です。

ハッシュ関数の「ハッシュ」には、ハッシュドビーフの「ハッシュ」と同じように、ケチョンケチョンにして混ぜるというような意味がありますが、それだけではなにを指しているのかよくわかりませんね。

○ ハッシュ関数はどのような仕組みなのか？

ハッシュ関数について、具体的な例を挙げて説明しましょう。下の 図表19-2 で利用しているhash関数は、ブロックチェーン関連のプロジェクトでもっともポピュラーな「SHA256」と呼ばれるアルゴリズムを用いたハッシュ関数です。図表19-2 では与えた文字列に対してどのような値が得られるかを例示しています。この値をハッシュ値といいます。通常の関数の例（ 図表19-1 ）と比べてみましょう。

このハッシュ関数を用いると、1バイトでも、1ビットでも、違う値が入力されると互いにまったく関連性のない異なる値が得られます。そして、そ れは誰がやっても同じ値が得られるところがポイントです。

また、長さの異なる文字列を与えても、常に一定の桁数となる点も特徴の1つです（ 図表19-3 ）。

SHA2-256というハッシュ関数を用いる場合は、入力値が1バイトでも、1MB相当でも、1GB相当でも、出力値は常に16進数表記として64桁と固定されています。

これらの特性により、オリジナルのテキストと「同じものか」「異なるものか」がすぐにわかります。

▶ 通常の関数の場合 図表19-1

例）任意の文字列を複数与えたときに、それを単純に連結して返す関数「concat」の場合、どんな値が出力されるかは、当然想像ができる

concat("Block","Chain")	→	"BlockChain"
concat("Clock","Chain")	→	"ClockChain"
concat("Flock","Chain")	→	"FlockChain"

▶ hash関数の場合 図表19-2

例）任意の文字列を複数与えたときに、そのハッシュ値を返す関数「hash」場合、1文字ずつしか変更していないのに、まったく異なる数値が出力される

hash("BlockChain")	→	"3a6fed5fc11392b3ee9f81caf017b48640d7458766a8eb0382899a605b41f2b9"
hash("ClockChain")	→	"90f1792f8a13bae8ed69628e48f2ad80948a5d0d99a683078cd17aef0cc41d63"
hash("FlockChain")	→	"1fe91df24237be3e0650b2a22e1dc270a1b9149a7538b998ad4b913bff21948c"

▶ 出力値が常に異なり、かつ一定の桁数となる 図表19-3

hash("BlockChain")	→	"3a6fed5fc11392b3ee9f81caf017b48640d7458766a8eb0382899a605b41f2b9"
hash("Block")	→	"211d0bb8cf4f5b5202c2a9b7996e483898644aa24714b1e10edd80a54ba4b560"
hash("BlockClockFlockChain")	→	"ff37becd9ab7ac04e75f1aa8eefc1c32dd8eee59470729484f14c91bd76a24ae"

> 👍 **ワンポイント** テキストだけでなくファイルにも適用できるハッシュ関数
>
> 比較対象はテキストばかりではなく、ファイルにも適用できます。つまり、任意の情報が入力されると、人の目ではおおよそ見つけるのが困難に思えるような、1バイトの改変も見逃しません。そして、その値をあらかじめ知っていれば、「その情報が原本と同じであること」と「改ざんされていない」ことの両方を保証することができます。

Chapter 3 ブロックチェーンを支える暗号技術を学ぼう

Lesson [ハッシュ関数の弱点]

20 ハッシュ関数の「耐衝突性」

このレッスンの
ポイント

ハッシュ関数で生成される値は桁数が決まっているので、大きなファイルを一定の長さに切り詰める、あるいは短いファイルを一定の長さに伸ばすという性格上、必ず衝突が生じます。できる限り衝突が起こらないように、アルゴリズムが開発され、発展してきています。

○ ハッシュ関数の種類

ハッシュ関数にはいくつか種類があり、異なるハッシュ関数のアルゴリズム（ハッシュアルゴリズム）では、同じ入力を与えても、それぞれ別の出力が得られます。桁数もそれぞれ異なります。しかし、いずれのアルゴリズムも、誰がやっても同じ値が得られる点は変わりません。

▶ 1990年から現在までの代表的なハッシュ関数　図表20-1

開発年	ハッシュ関数名	"BlockChain"という文字列を入力したときの出力値
1990年	MD4	"9f0c840cdd9c0b24e7e019f09f188b81"
1992年	MD5	"8ddb53d8edaf2e25694a5d8abb852cd1"
1995年	SHA1	"629b0be1c6fd0c2707e21aae036846aa38ecdcb0"
1996年	RIPEMD160	"19dec41edf4d5d79b1e27fc176f1ac16c5a2c3ca"
2001年	SHA256	"3a6fed5fc11392b3ee9f81caf017b48640d7458766a8eb0382899a605b41f2b9"
2015年	SHA3-256	"99968a276bc992b1219fa5c7d9df597aa063af2381082087bcb5e6dae17e364e"

年代が上がるごとに桁数が増えている（＝強度が上がっている）のがわかる

ここに挙げたハッシュ関数は、代表的なものです。これら以外にもたくさんあります。

👍 ワンポイント　アルゴリズムとは？

アルゴリズムとは、ある課題を解決するための効率的な手順を指します。ハッシュ関数のアルゴリズムでいうと、上の 図表20-1 にあるMD4からSHA2-256までのアルゴリズムは、根本的には同じ原理にもとづく計算方法を変形して作られていますが、SHA3-256に関しては「スポンジ関数」と呼ばれるまったく新しい原理が用いられています。

○ ハッシュ関数の弱点である「衝突」とは何か？

これだけたくさんのハッシュアルゴリズムが開発されてきたのには理由があり、新しいものほどセキュリティの強度が強くなっています。
ハッシュアルゴリズムにおける「セキュリティ」の強度というのは「耐衝突性」のことをいいます。

先述したように、ハッシュアルゴリズムの特徴は、比較対象となる情報の長さにかかわらず一定の長さの値を出力する点です。つまり、別の異なる値を入力したときに、同じ値のハッシュ値を返す（衝突する）こともあり得るというわけです。

▶ ハッシュ値の衝突とは 図表20-2

正常な動作状態

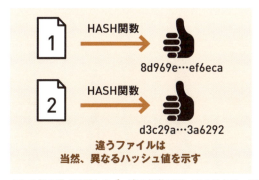

ハッシュ値が衝突している異常状態

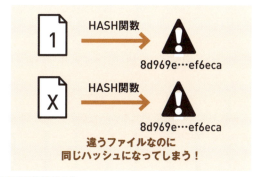

もとの値の長さに関わらず一定の桁数が返ってくるため、衝突する可能性がある

○ 現在の主流はSHA256へ

しかしながら、どのハッシュ関数を用いても故意に衝突を起こすことはとても困難です。万が一どころか、SHA2-256を例にすれば、2の256乗分の1という、天文学的な確率でしか起きません。
2017年7月の本書執筆時現在では、MD4、MD5、SHA1までは、衝突する値が見つかっていますが、SHA1を例にすれば、2017年2月に、Googleが最初の衝突例を発見するまで22年間耐え忍んだわけです。このとき、Googleが、SHA1の衝突を見つけるのに要した計算回数は、900京回以上におよび、一般的なCPUで行えば6500年、GPUを使っても110年程度かかるとレポートされました。

このことから、暗号学的には、もはやSHA1は安全ではなくなったとはいわれますが、ただちに実用性を失ったわけではありません。総当たりするよりも効率的な攻撃法が2009年に指摘されてから、SHA2-256への移行推奨が行われてきたため、現在もっとも使われているハッシュアルゴリズムは、すでにSHA2-256が主流になってきています。さらに、SHA3-256というのは、第3世代のSHA（セキュアハッシュアルゴリズム）のファミリーで、原理的に第2世代のSHA2-256よりさらに強度が高いものと期待されており、ブロックチェーンにおいては一足先にSHA3を使う実装も出はじめています。

Lesson 21 [電子署名とは]
デジタル文書の作成者を証明する「電子署名」

このレッスンのポイント

デジタル文書の作成者を証明する技術が「電子署名」です。今後あらゆるビジネス文書は、電子署名がなければ信用されない時代が来るでしょう。ただし、電子署名技術だけではすり替えやなりすましの問題を根本的には防げないため、鍵の入手時に対面確認などが必要です。

○ 電子署名はビジネス取引に欠かせない暗号技術

電子署名は、暗号技術の巧妙な組み合わせによって実現される「誰がそれを行ったのか」を証明するためのフレームワークです。そして、ブロックチェーンに記録されるトランザクションの情報には必ず電子署名が施されています。

電子署名を使うと、インターネットを通じてやり取りされる文書が、目的の本人によって作成されたものであることを検証できます。この特性はあらゆるビジネス取引において有用であることは明白です。

この技術は先述の「公開鍵暗号」と「一方向ハッシュ値」の性質を利用して実現されます。 図表21-1 の流れを確認しましょう。

▶ 電子署名検証の基本的な仕組み 図表21-1

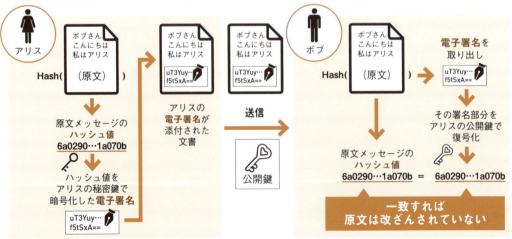

アリスの電子署名をアリスの公開鍵で復号化し、原文のハッシュ値と照合する

◯ 電子署名があればデジタル文書の正当性を検証できる

送信者、受信者ともに平文の「ハッシュ値」を計算すれば、同じ文なら同じ値となることは、前のレッスン20で学んだ通りです。そして、公開鍵暗号方式の「秘密鍵」を用いて暗号化した文書（電子署名では、文書のハッシュ値）は「公開鍵」をもってのみ復号化できるというのもまた、以前のレッスンで学んだ通りです。電子署名は、この2つの特性を上手に組み合わせることによってできた技術です。

これを応用して、前述の操作手順によって、送信者から受け取った「（送信者が作成した）電子文書」と、添付されてきた「（電子文書の）電子署名」「（送信者の）公開鍵」の組み合わせが秘密鍵を有する正当な送信者からの文書であることを検証できます。

▶ 電子署名の検証パターン 図表21-2

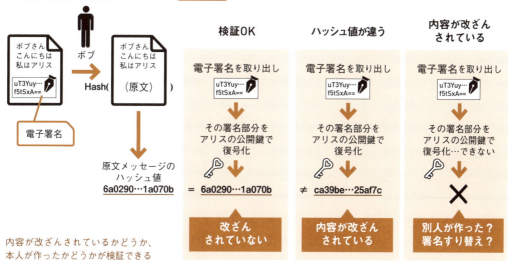

内容が改ざんされているかどうか、本人が作ったかどうかが検証できる

◯ 電子署名だけでは不十分

さて、ここで「それだと、確かに署名の検証はできると思うけれど、検証に使った公開鍵は本当に送信者のものなのだろうか？」と疑問に思った人は実に鋭いです。

公開鍵暗号のキーペア（公開鍵と秘密鍵）は誰でも自由に作成できます。そのため電子署名がついていただけでは、公開鍵に対応する秘密鍵を持っている人が電子署名を施したとはいえるものの、それが本当に本人によるものなのかを証明するには不十分なのです。

NEXT PAGE | 081

● ポイントは公開鍵をどのように入手したか

確実に本人との取引であることを確認したいならば、本人と直接会って手渡しされた公開鍵を用いて取引文書のやり取りをはじめれば、その対になる秘密鍵によって施されたはずの電子署名は、本人が行ったものに違いないと確信できるでしょう。

しかし、その手順にも作法があります。このときに利用されるのが「フィンガープリント」と呼ばれるものです。その実体は公開鍵のハッシュ値を、対面立ち会いでも確認しやすいように読みやすく加工したものです。

▶ フィンガープリントの仕組み 図表21-3

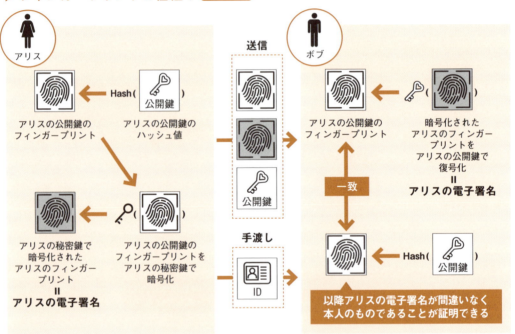

IDは運転免許証などの現実の身分証明書で、これを対面で直接相手に見せることで本人確認を行う。また、公開鍵のハッシュ値から公開鍵のフィンガープリントを作り、それを秘密鍵で暗号化（＝電子署名）する。これらの公開鍵のフィンガープリント、暗号化したフィンガープリント、そして公開鍵をUSBメモリやネット経由で相手に送付することで、次回以降はアリスの電子署名が本人のものであることを証明できる

◯ 新規のやりとりをはじめるたび、直接会うのは非現実的

図表21-3 のような作法に従えば、確かに電子署名に使われるキーペアが目の前の本人の持ち物であることを確証できます。しかし、やりとりを開始するために毎回直接相手に会うようなことは、とても現実的ではありません。それならばと、インターネットなどを通じて鍵の受け渡しが行えないかと考えるわけですが、実はこれはとても難しいことなのです。

◯ フィンガープリントをウェブサイトに公開しておく

簡単にできるひと工夫が「自分の公開鍵のハッシュ値を計算した、フィンガープリント（指紋）を自分にのみ権限がある場所に公開しておく」ことです。

自分にのみ管理権限がある。という点がミソで、FacebookやTwitterのプロフィール欄、もしくは自分が管理しているホームページなどにフィンガープリントを常に掲載しておき、電子署名つきの文書を送った人には、併せて送付した公開鍵のハッシュ値を取ることで、このフィンガープリントと比較して一致するかどうか検証してもらうよう促せばいいのです。

しかし不特定多数の人に対して、いちいちフィンガープリントの検証を求めることも、実際には現実的ではありません。またこれを強制してしまうことは、いかに重要な技術であっても普及の足かせになってしまいます。

実際にここで紹介したようなフィンガープリント検証を利用者に強要する、PGP/GPGという二者間の通信の暗号化に特化した公開鍵暗号技術は、一般にはほとんど普及していません。さて、どうしたものでしょうか。

> そこで考えられた方法が「公開鍵認証基盤・PKI」です。
> これについては、次のレッスン22で詳しく述べます。

👍 ワンポイント　キーサインパーティーとは？

直接会って行う鍵交換を少しでも効率的に、楽しくやるために考えられたのが「キーサインパーティー」と呼ばれるパーティーイベントです。名前から察することができるように、お互いに自分の公開鍵を自分の秘密鍵で署名して相手と交換し合うということを目的にしている、一見奇妙なパーティーです。検索してみると、Linux系の開発者イベントなどでは世界各地でしばしば行われているようです。

お茶を楽しみながら、キーサインはその一部になっているようなマッタリ系ものから、2列に並び、強制お見合い形式で効率重視でキーサインだけをひたすら繰り返すような殺伐系のイベントまでさまざまです。

Lesson [公開鍵認証基盤・PKI]

22 電子署名が本物であることを証明する「電子証明書」

このレッスンのポイント

電子署名の本人性の確認を確実なものにしようとする方法は、前のレッスン21のように互いに1対1に行う方法のほかにも、この確認業務を信頼できる第三者に託すことで、効率的に行うこともできます。その工夫が「電子認証局」（Certification Authority）を介す方法です。

○ 電子認証局の役割とはなにか？

電子認証局（CA）は、公開鍵暗号方式の公開鍵の持ち主を、実在する人や、組織に結びつけて管理するための仕組みおよび組織です。

電子認証局は一般に信用がおけると考えられている機関が運営しています。彼らが電子署名の本人性を証明したい本人から、公開鍵を預かり、本人確認をします。そのうえでこれらを結びつけて有効性を管理し、「電子証明書」（Electronic Certificate）を発行します。そしてこの「電子証明書」を利用者が検証することで、本人による電子署名であることを確認しようという仕組みです。

この業務を行うのは、民間企業の場合もありますし、政府や地方自治体などの行政機関であることもあります。前者は主に、みなさんもよくお世話になっている https:// で始まるウェブサイトのSSL/TSLのために利用される電子認証局で、シマンテック社のベリサインや、GMO社のグローバルサイン、ジオトラスト、コモドなどがよく知られています。

これらの企業や行政機関などが「電子認証局」を構えて、法人であれば登記簿謄本などを提出させたり、個人であればパスポートや免許証の確認を窓口で受けつけたりしています。さらに、それぞれに電話着信による確認や、本人住所への郵送確認など、認証局や認証レベルによってさまざまな手を加えて、確実に本人を特定する仕組みを構築しています。

◯ PKIとGPKI

「電子認証局」が「本人確認」を行い、その「電子証明書」の発行をもって、その有効性を管理する仕組みのことを、まとめて「Public Key Infrastructure」略して「PKI」と呼びます。さらに「PKI」のうち、政府などの行政機関により構築された仕組みは、特別に「Government Public Key Infrastructure」略して「GPKI」と呼ばれます。

▶ 電子認証局による電子証明書の発行 図表22-1

電子証明書の主体

登場人物：

電子証明書を利用するには、登録しようとする人物の本人確認が必要

▶ 電子証明書の発行の流れ 図表22-2

① Aさんは、自身の公開鍵をCA宛に本人確認書類と一緒に提出する

② CAはAさんから送付された本人確認書類を受理し、審査内容に問題がなければ「Aさんの公開鍵」と「Aさん本人の属性情報」「有効期限」などを記載して証明書を作成する

③ 上記で作成した証明書を、CAの秘密鍵で暗号化したものを「Aさんの電子証明書」としてAさん宛に発行する

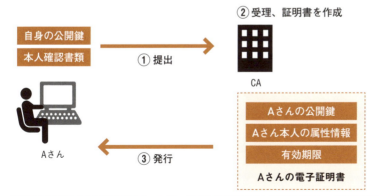

自分の公開鍵と本人確認書類をシマンテック社などのCAに対して提出すると、CAが電子証明書を発行する

○ 電子証明書のX.509という標準書式とは？

ここまでに大まかな仕組みを説明してきた「電子証明書」ですが、CAごとにまったく異なる形式の書類になってしまうと自動処理ができなくなります。

そこで、ITU-T（国際電気通信連合の電気通信標準化部門）という組織によって標準化された書式を用います。この標準書式を「X.509」と呼び、図表22-3 の10項目の内容が格納されています。

これらの情報が揃っていれば「電子文書が改ざんされていないこと」を示すとともに「誰によって作られたものであるか」を自動的に検証して、証明できるようになります。

▶ X.509準拠の電子証明書に記載されている内容　図表22-3

	項目	内容
1	バージョン	X.509規格のバージョン番号
2	シリアル番号	認証局が発行した証明書に一意につけられる通し番号
3	電子署名のアルゴリズム	この証明書で使用されるハッシュ関数と公開鍵署名アルゴリズム
4	発行者の情報	この証明書を発行する認証局の識別名
5	検証の有効期間	この証明書の有効開始日時と終了日時
6	主体者の情報	主体者のユーザー名や組織名など
7	公開鍵暗号のアルゴリズム	主体者が利用する暗号アルゴリズムやビット長
8	公開鍵の実体	主体者の公開鍵の本体
9	拡張情報	鍵の使用法、失効リストの入手法、運用ポリシーの参照情報など
10	証明書の署名	上記内容に関する電子署名

この10項目が揃っていれば電子証明書として処理できる

> X.509準拠の電子証明書は一見複雑そうに見えますが、これまでのレッスンで学んできた知識があれば、1つ1つの情報がなぜ必要になるのか理解できるようになっていると思います。

◯ 人気の低い「公開鍵暗号基盤方式・PKI」

たとえば、ビットコインやイーサリアムといったパブリックブロックチェーンでは、「P2Pネットワークにおけるトラストレス（信用不要）分散合意形成を実現したことこそ革命的であり、何人たりともネットワークを停止させることはできないし、個の活動の自由も阻害することはできない」という世界観を持つアナーキスト層が一定程度存在します。

このような考え方を中心に据えた場合、「公開鍵暗号基盤・PKIという仕組みは中央集権的で権威の象徴であり、ブロックチェーンの世界の秩序を乱すものである。つまり、そういうものを加えたネットワーク基盤をブロックチェーンと呼ぶことはまかりならん」という捉え方をする有識者も存在するのです。

> ブロックチェーンのコミュニティ界隈では、暗号技術のなかでもPKIのような中央集権的な機構は敬遠される傾向があります。

◯ トラストレスはブロックチェーンの必須要件ではない

著者の意見は上記とは異なります。著者は「信頼不要（トラストレス）という特徴は、パブリック型のブロックチェーンにおいて、ある合意形成アルゴリズム（Proof of WorkやProof of Stake）を選択した場合にのみもたらされる、ブロックチェーンの数ある実装方法の1つによる効果でしかない」と考えており、また「トラストレスであることはブロックチェーンのエコシステムにとって必須要件ではない」と捉えています。

つまり、ビジネスの要求によってブロックチェーンを支える周辺技術が選択される場合、その要求に応じて、トラストレスであることが重要な場合にとるべき構成の選択肢と、トラステッドであることが重要な場合にとるべき周辺技術の構成の選択肢は異なります。特に、本人性の確認を必要とするトラステッドな環境での取引が望まれるネットワーク内において、PKIを構築することは、合理的かつ有効な選択肢になり得ると考えているのです。

> 私は、ブロックチェーンの適用業務に応じて、信頼の必要／不要が決まり、そのうえで適切な合意アルゴリズムを選択するという順番で考えるのが合理的であると思います。

Chapter 3　ブロックチェーンを支える暗号技術を学ぼう

Lesson 23 ［タイムスタンプとは］
デジタル文書の作成時刻を証明する「タイムスタンプ」

このレッスンの
ポイント

タイムスタンプは、暗号関連の技術ではありません。しかし電子署名において時刻を根拠とするデジタル文書の存在証明を行うために欠かせない技術です。ブロックチェーンを支える技術としても重要なので、ここで取り上げておきます。

◯ タイムスタンプとは？

タイムスタンプといえば、ファイルを新しく作ったり、内容を変更したりした際にOSが自動的に付与する時刻のことを思い浮かべる人が多いでしょう。このタイムスタンプは、協定世界時（UTC）の1970年1月1日0時0分0秒を起点とする秒数で管理されています。

なぜ1970年からはじまっているのか？については、コンピューターが発明された時期や、その当時の環境におけるメモリの少なさが影響しています。少しでも使用リソースを節約するために、直近の区切りのよさそうな年月日が選ばれたという経緯があります。そして、それ以降に作られたコンピューターの時計管理はすべて、その時間を起点とするようになりました。

ただし、困ったことに世界中のコンピューターは、各々が独立して動いていますから、その時計もまた独立して管理されているわけです。それは比較的ルーズなもので、それぞれのコンピューターの時刻は数秒程度は狂っている可能性が高いでしょう。ネットワーク上にはNTPと呼ばれる時計合わせのためのプロトコルもありますが、ネットワーク遅延などの影響もあって、各ノードのタイムスタンプを厳密に揃えるのは、意外と難しいのです。そのような状況下で、時刻を証明するということはどういうことなのでしょうか？

分散ネットワーク環境での各ノードのタイムスタンプの正確性はあてにはなりませんが、果たしてそのような環境下で、時刻の証明を行うことはできるのでしょうか？

○ ブロックチェーンは分散タイムスタンプ

タイムスタンプとひとくちにいっても、ファイルの作成・変更時間のように個々のコンピューターのOSが管理して自動的に付与するものから、各国の管理する原子時計からの誤差が、ms（ミリ秒）レベル以内であることが保証されているタイムスタンプを供給する時刻認証局（TSA：Time Stamp Authority）が発行する、電子署名つきのタイムスタンプにいたるまで、さまざまな精度のものが存在します。

そんななかで、ブロックチェーンのなかで利用されるタイムスタンプの技術は一種の「分散タイムスタンプ」の技術とみなせます。

特徴としては、個々のトランザクション（取引単位）に埋め込まれるタイムスタンプの精度はあまり高くありませんが、「ブロック」を単位として比較するとき、対象となるトランザクションの数が多くなればなるほど、信用に足る精度で正しさを保証できるものとなるという、少し面倒な性質を持っています。

▶ 分散タイムスタンプ 図表23-1

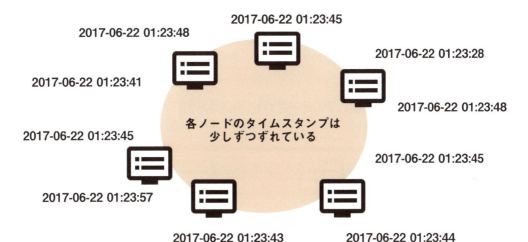

ネットワーク上の各ノードが管理している時計はあてにならない

厳密な時刻が要求される環境では、各ノードのタイムスタンプには頼らず、時刻認証局（TSA）のタイムスタンプの利用を検討するといいでしょう。

NEXT PAGE ➡ | 089

多数のデータを集計して正確に近い時間を算出する

分散タイムスタンプについて、もう少しわかりやすく説明しましょう。

皆さんの時計はおそらくカッチリ正確なものはほとんどなくて、それぞれ何秒か遅れていたり、進んでいたりします。しかし、ある一定期間内に、何百人か何千人かが送って来たデータに刻まれたタイムスタンプを集計してみると、おそらく正確な時計に近い答えになるはずです。これが分散タイムスタンプの大まかな考え方で、なんともあいまいな話ではあります。

それでも、複数の独立した、タイムスタンプつきの電子署名つきのトランザクションが、ブロックにまとまる際に、互いのハッシュ値を含み、まとめながら、改ざん困難な形で記録されているとなれば、そこに記録されたデータは、いつからそこに存在しているのかについて、否認不能な証拠能力を持つことになります。

▶極端に外れた時間を取り除いた各ノードの平均タイムスタンプ 図表23-2

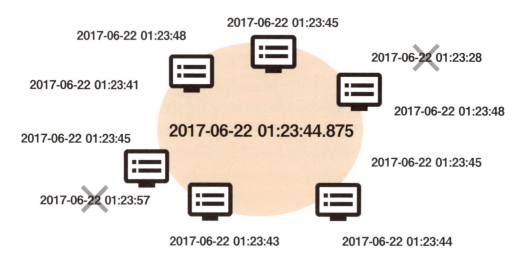

あいまいな時間でも、同じタイミングでたくさん集まるとだいたい正しくなる

たくさんのノードの平均値から正しかろうタイムスタンプを得るためには、両極端にある値を切り捨てて計算するほうがより正確になります。

ブロックチェーンの理解するのに必要な暗号関連の知識

ここまで学んできた「ハッシュ値」「電子署名」「PKI」に「タイムスタンプ」が揃って、ようやくブロックチェーンの特徴を語るために必要な暗号関連の基礎知識が揃いました。長かったですね。

さて、これらの組み合わせによって得られる、ブロックチェーンの特徴がどのようなものになるか、図表23-3 を見て順を追っておさらいしてみましょう。

▶ブロックチェーンを構成する基礎知識　図表23-3

項目	機能	何ができるようになるか
ハッシュ値	任意の文字列に対して予測できない値を返すハッシュ関数によって得られる値	文書の改ざんを検出できるようになる
電子署名	デジタル文書の作成者を証明する技術	文書の作成者を特定できるようになる
公開鍵認証基盤（PKI）	電子署名の本人性を第三者機関が認証する仕組み	文書の作成者が本人であることを証明できるようになる
電子署名＋PKI	―	文書の作成者が特定できそれが本人であることを証明できるようになる
タイムスタンプ	タイムスタンプ デジタル文書の作成時刻を証明するための技術	文書の作成時刻が決まる
タイムスタンプ＋電子署名	―	文書の作成者を特定でき、それがいつ行われたかが決まる
タイムスタンプ＋電子署名＋PKI	―	文書の作成者が特定でき、それが本人であることを証明できるようになり、それがいつ行われたかが決まる
タイムスタンプ＋電子署名＋PKI＋ハッシュ	―	文書の作成者が特定でき、それが本人であることを証明できるようになり、それがいつ行われたかが決まり、それが改ざんできなくなる（改ざんがあれば、たちまち検出できる）
タイムスタンプ＋電子署名＋PKI＋ハッシュ＋ブロック	―	文書の作成者が特定でき、それが本人であることを証明できるようになり、それがいつ行われたかが決まり、それが改ざんできなくなり、その文書の存在事実の否認ができなくなる（存在証明）

> ブロックチェーンのなにがすごいのか、なぜ重要なのかが、今ならもう理解できるはず！

Lesson

[将来有望な暗号関連技術]

24 未来のブロックチェーンに求められる新暗号技術

このレッスンのポイント

ここまでのレッスンでは、現行のブロックチェーン技術を理解するために必要な基礎知識を紹介してきました。本レッスンでは、特にビジネスサイドからの要望が高く、今後のブロックチェーンの実装に欠かせなくなるであろう暗号関連の技術をいくつか紹介します。

Chapter 3 ブロックチェーンを支える暗号技術を学ぼう

○ 組織内部の不正を、身分をばらさずに密告する方法

2001年に「How to Leak a secret」という論文が発表されました（https://people.csail.mit.edu/rivest/pubs/RST01.pdf）。そのなかで「身元をばらさずに内部告発をするのに最適」と紹介されているのが、ここで紹介する「リング署名」という匿名署名の技術です。

これは、「署名者があるグループの構成員のうちの1人であることを証明することはできるが、それが誰によるものかはわからない」という特徴を持つ署名システムです。たとえば選挙の無記名投票のように、「有権者であることを証明しながら、誰の投票によるものかわからないようにしたい」というような要件を満たすのにも適しています。

▶ リング署名の概要　図表24-1

署名者グループ

送信者

投票

グループメンバーの投票であることは保証できるが、誰のものかは特定できない

受信者

選挙など、投票できる身分であることを証明しながらも個人を特定しないケースに利用できる

ブロックチェーンの文脈では、仮想通貨の送金主を匿名化する用途が想定されているようですが、マネーロンダリングに利用されてしまいそうな気もしますね。

092

暗号を解かずに計算や検索を行う方法

暗号を解かずに計算と聞くと、「何それ、本当に暗号化されているの？」とびっくりするかもしれません。これは「秘匿計算」と呼ばれており、金融取引などの「トレードシークレット」を守る技術としても期待されているため、研究開発競争も実に活発です。

ブロックチェーン関連では「エニグマ」と呼ばれるプロジェクトが「完全準同型暗号」という技術を使って、取引データを暗号にしたまま、スマートコントラクト（詳しくは第7章）を実現して契約を自動履行させようという野心的なプロジェクトがすでに始動しています。

世界初が目白押しの秘匿計算・秘匿検索分野

実は、この「秘匿計算」の分野、日本国内の研究は世界でも先行していて、複数の研究所がその新規開発や性能向上でしのぎを削っています。

▶ 日本国内における「秘匿計算」「秘匿検索」技術の研究開発　図表24-2

年月	機関	内容
2013年8月	富士通	暗号化したまま計算ができる準同型暗号を2000倍に高速化
2014年1月	富士通	暗号化したまま検索が可能な秘匿検索技術を開発
2014年3月	NTT・三菱電機	データ秘匿と改ざん検知が同時にできる新暗号方式
2015年1月	NICT	暗号化状態でセキュリティレベルの更新と演算の両方ができる準同型暗号方式を開発
2016年2月	三菱電機	世界初、部分一致対応秘匿検索基盤ソフトウェアを開発
2016年2月	富士通研究所	世界初、複数組織のデータを異なる鍵で暗号化したまま照合可能な暗号技術を開発
2016年12月	NEC	秘匿計算技術によるデータベースの常時暗号化、実用レベルの処理速度へ
2013年8月	筑波大学	世界初、数値・順序・離散データを暗号化したまま統計解析する実用的秘密計算手法を開発

出典：各メーカーや団体のリリースより

◯ 双方向通信を必要とせずに個人認証を行える「シュノア署名」

電子署名といえば、DSA、ECDSA などが現在主流となっていますが、これら以外にも電子署名の方式はいくつも発明されています。そのなかでも近年注目を浴びはじめた電子署名方式が「シュノア署名」というものです。
この署名は、産業上のユースケースで求められる多くの問題を解決する可能性があります。

◯ スマホを用いた対面送金をオフラインで実現したい

送り手はまず、シュノア署名のアルゴリズムを応用して計算した結果を取引データに含めて作成します。次に、この取引データをQRコードなどで表示して相手に提示し、受け取り側はこれを読み取ると、送り手の個人認証を行うためにネットワークに問い合わせたり、折り返しのデータを送信したりする必要なく検証することができます。

▶ 対面送金のオフライン化 図表24-3

シュノア署名を使うと、インターネット接続がなくてもQRコードやNFC、Bluetoothを使って当事者間で決済できる

◯ たくさんの署名を1つにまとめられるコンパクトな電子署名

シュノア署名は、数ある電子署名方式のなかでもっともコンパクトなもので、しかも複数の署名を1つに統合できるという特徴を持っています。
つまり、複数人の署名が必要となるマルチシグネチャ方式を用いる取引では非常に威力を発揮し、取引データのサイズを大幅削減することができます。そのためビットコインなどでしばしば問題になっている、スケーラビリティ問題への対策としても注目されています。

> このシュノア署名は、ブロックチェーンへの応用だけではなく、非常に幅広い産業用途で活用できそうですね。

量子コンピューターにも耐える暗号技術たち

量子コンピューターが実用化されると安全性の前提が損なわれてしまうのではないかと危惧されることがあります。たとえばブロックチェーン技術で対象となってくると考えられるのが、楕円曲線暗号（ECDSA）のような公開鍵暗号方式をベースにしたウォレット技術や、これを用いる取引署名の部分です。

しかし、それを克服する「耐量子暗号」と呼ばれる技術の研究開発も進んでいます。それらの特性を持つといわれているのが、秘匿計算分野でも利用されている「格子暗号」や、量子コンピューターにおいても影響が少ないと考えられているハッシュを、電子署名に応用した「ランポート署名」という技術です。

しかし、これらの耐量子計算機暗号は、計算にとても時間がかかったり、公開鍵や電子署名のデータサイズが巨大であったりなど使いにくい点があるため、実用化にはもう少し時間がかかりそうです。

量子コンピューターと、耐量子暗号技術の開発競争は、まさにいたちごっこのようですね！

👍 ワンポイント 実用化はしばらく先？

このレッスンで紹介した暗号技術は「本当にそんなことが可能なのか？」と思うくらい、いずれも魔法のような効果効能を実現しようとするものです。そしてこれらの暗号分野は世界中で日進月歩の競争領域です。ブロックチェーンは、こういった暗号技術をいくつも組み合わせて目的を達成しているわけですが、工業製品と異なる点は、せいぜい数年から十数年といった比較的短いタームで決着のつくような技術ではないということです。

何十年も理論だけが存在していたものが、最近になってようやくコンピューターの計算能力が追いついてきて、実験ができるようになりました。しかし何年かは試行錯誤したり、弱点探しやその克服をしたりが必要で、実用化はさらにその先です。というように、大変息の長い基礎研究が必要な開発分野となっています。

ⓘ COLUMN

誰でも量子コンピューターを使える時代になるとブロックチェーンはどうなる？

ブロックチェーンについて議論するとき、よくある質問として「量子コンピューターができたら、ブロックチェーンの安全性はどうなるのですか？」というものがあります。

昨今では、カナダのD-Wave社が世界初の商用量子コンピューターを発売した！といったニュースがあります。そのため、真面目な人ほど、これを心配する傾向がありますが、専門家に話を伺うと、D-Waveはアルゴリズムの動作原理に「量子アニーリング」と呼ばれる量子力学が使われているだけであって、量子ゲート回路をハード的に実現した装置ではなく、本物の量子コンピューターではないそうです。

よくいわれる、素因数分解や、離散対数問題の解をたちまち解く量子コンピューターとは異なるもので、D-Waveの採用する方式では、これらの問題を従来のコンピューターより効率的に解くアルゴリズムが見つかっていないのだといいます。

一方で、本物の量子コンピューターが実現されたならば、それらの問題をたちまち解くことができると考えられています。しかしある国立研究所の先生によれば、東大などの研究所で行われている量子ゲート回路を使った実験では、いまだに2桁、3桁といったレベルの素因数分解しかできず、いわく「まだ、人間のほうが速いくらい」だそうです。

公開鍵暗号を解くレベルのものができるのは、早くてもあと20年以上かかるだろうとのことです。しかもそれは研究所レベルの話であるから、産業化までにはそこから相当時間がかかるでしょう。そのため、そういうニュースが出てきてから考えても対策は十分間に合うのではないか、むしろ、それから考えるほうが、より効果的な対策ができるのではないかというお話でした。

しかし、いずれはそのような量子コンピューターが出現するだろうと想像がつきます。

そのときになにが起こるのかというのは今から考えておいてもいいでしょう。まず脅威にさらされる類の暗号系は、素因数分解や、離散対数問題を解くことの困難性をよりどころにしている公開鍵暗号系になります。

具体的な用途でいえば「鍵交換」や「電子署名」で使われている技術の安全性が棄損されてしまうことになります。そのためブロックチェーンにおいてはまず、主にトランザクションの正当性検証の信頼性関わる問題が生じてきます。

一方で「共有鍵暗号」や「ハッシュアルゴリズム」の計算を最適化できる度合いは少ないと考えられます。鍵長を多少長くする必要は出てくると思われますが、耐性への影響は軽微であると考えられています。

これをブロックチェーンにあてはめると、主にハッシュ連鎖構造の耐改ざん性や、Proof of Workのビザンチン合意アルゴリズムの安全性をただちに棄損するには至らないというわけです。

なお、アメリカ国立標準技術研究所（NIST）では、2017年11月30日まで、耐量子性を持つ、公開鍵暗号、電子署名、鍵交換のアルゴリズムの提案を公募しています。その後、3〜5年にわたって公開審査が実施されてから、正式に標準が定められることになっています（http://csrc.nist.gov/groups/ST/post-quantum-crypto/）。

Chapter 4

ブロックチェーンを支える分散システムを学ぼう

P2P分散ネットワークシステムの特性と、そこに参加する複数ノード間での合意形成方法「Proof of Work」と「Proof of Stake」について学びます。

Lesson [ブロックチェーンを支えるネットワーク]

25 P2P分散システムについて知ろう

このレッスンの
ポイント

多くのコンピューターが連携して動作するシステムのことを<u>分散システム</u>といいます。ブロックチェーンも分散システムの一種といえます。このレッスンでは分散システムを構成するさまざまなタイプのネットワークの形を紹介し、それらの特徴について触れます。

○ P2P方式の分散ネットワークとは

少なくとも2台のノード（ネットワークに接続されたコンピューター）が互いに1対1で接続して通信する方法を<u>P2P（Peer to Peer）方式</u>といいます。

このようなP2P形式の接続を行うノードがたくさん集まると、それぞれがP2P方式で接続された状態のP2P分散ネットワークが形成されていきます。

▶ P2P接続とP2Pネットワーク

P2P方式（1対1の接続）

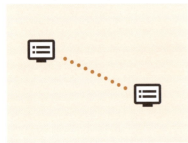

P2P方式の接続がたくさん集まったネットワーク

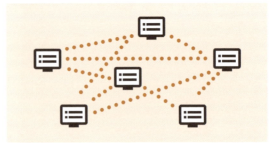

1対1接続のノードが多く集まった状態をP2Pネットワークという

このような、ネットワーク構成を「メッシュ（網）接続」といいます。なかでも、すべてのノードが接続された状態を特別に「フルメッシュ接続」といいます。

098

◯ P2P分散ネットワークとその特徴

P2P分散ネットワークに参加するノードは、原則としてすべて対等な機能を持ちます。つまり、一部のノードが特別な役割を持つこともないため、いわゆる単一障害点を持ちません。したがって、一部のノードが故障や停止しただけで全体が影響を受けるようなことは少なく、その規模が大きくなればなるほど耐障害性に優れていくという性質を持っています。たとえば、ビットコインのネットワークは、世界中で約7,500台のノードが連携して動いており、生まれてから一度もシステムを停止せずにブロックチェーンをマネジメントしています。

◯ ブロックチェーンは、P2P分散ネットワーク上の分散システム

ブロックチェーンのネットワークでは、これに参加しているノードがすべて同じデータを保持しています。全員が同じデータを参照していることを保証・検証するために使われている技術が、第3章で学んだハッシュ関数です。

あるノードが、初めてブロックチェーンのネットワークに参加する際には、ほかのノードに、現在のブロックチェーンに保持されているデータのハッシュ関数の値を照合しながら、1ブロックごとに丁寧にコピーしてくる必要があります。そのため再構築には非常に時間がかかります。

しかし、一度同期がなされれば、ノードの一員として、不特定多数の利用者から投かんされる取引データを受けつけて、記録を残していくことができるようになります。

▶ P2P分散ネットワーク上の各ノードにブロックチェーンは保持される　図表25-2

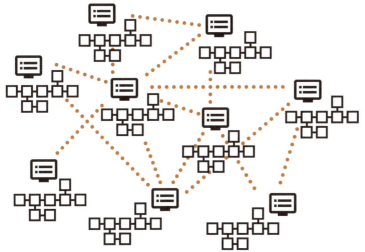

それぞれのノードが同じブロックチェーンを持つ

ブロックチェーンに保持されるデータは、全ノードが保有しているため、冗長性が高いのが特徴ですが、これは利点でもある反面、長い目で見ると欠点にもなりかねません。

Lesson 26 [P2P方式の特徴]

P2P分散ネットワークの安全性と信頼性

このレッスンのポイント

P2P方式の分散ネットワークはなにがあっても止まらない、いわゆる「ゼロダウンタイム」を実現するために必要な特徴を持っていますが、それゆえの宿命的なデメリットも存在します。これらのメリットとデメリットは、ブロックチェーンにもあてはまります。

なにがあっても止まらない安全なネットワーク

P2P方式を採用する最大のメリットは、事故などによってシステム全体が止まるリスクがきわめて低く、長期にわたって安定した稼働を続けることができる点です。

システムに参加しているノード（コンピューター）は原則としてすべて平等です。特別に重要な役割を任されているノードは存在しません。つまり、「システム全体から見れば、どのノードもあまり重要ではない」といえます。そして、たまたまどこかのノードが壊れたとしても、システム全体の稼働にほとんど影響はありません。

また、P2Pにおいてそれぞれのノードを結ぶ通信経路は、網の目のように複数張り巡らされています。

ですから、どこか1カ所の通信経路が分断されたとしても、システム全体の機能にはほとんど影響がありません。ある通信経路が使えなくなったら、「少し遠回りする経路でメッセージを伝えてくれ」とほかのノードに伝言を依頼するだけで解決します。もちろん、複数のノードが同時に壊れたり、複数の通信経路が同時に分断されたりすることも考えられるので、ノード数があまりに少ないシステムでは、リスクがいくらか高くなるでしょう。つまり、単純にノードの数を増やしてしまえば、それだけ安全で信頼性の高いシステムを作ることができるのです。

▶ 安全なネットワーク　図表26-1

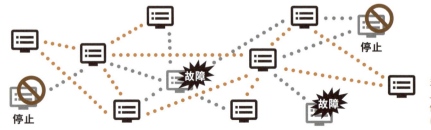

多少の故障や停止があっても全体が止まることはまずない

Chapter 4　ブロックチェーンを支える分散システムを学ぼう

100

● P2P方式のデメリット

P2P方式にもデメリットがあります。むしろ、P2P方式は「止まらずに稼働を続けるシステムを作る」という1点を強化した仕組みなので、それ以外の部分はたいていダメです。

P2Pで複数のノードを使うのは、「どこが壊れてもいいように冗長化（同じ機能を複数準備しておくこと）する」という意図です。よって、人口知能（AI）や科学計算のクラスタリングのような「ノードを増やせば増やすほど性能が上がる」といった性質の用途には不向きです。逆に、ノードが増えれば増えるほど「バケツリレー」の量が増えてしまうため、全体のパフォーマンスは悪くなるでしょう。

P2Pのメリットとして「一部のノードがいなくても（壊れていても）全体のシステムは問題なく動く」というものがありますが、一方で「見知らぬノードが勝手に参加してきた場合でも全体のシステムは問題なく動いてしまう」という、危なっかしい側面もあります。

また、「なにがあっても止まらずに稼働を続ける」というメリットは、システムを止めたくても気軽に止められないというデメリットにもなります。このため、都合の悪い情報がP2Pの分散システムのなかに流れてしまった場合は、その情報を二度と削除できなくなってしまうといった事故につながることがあります。システムの安全性を高めるため、「許可したノード以外はシステムに参加させない」という制限を設けるなど、一工夫された実装もあります。

▶ 許可制ネットワーク内のP2P分散システム 図表26-2

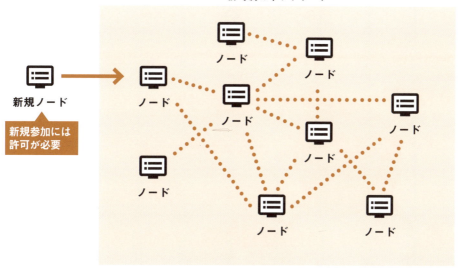

分散システムの弱点を補うため、新規に参加する要件として許可が必要なネットワークもある

Lesson [ブロックチェーンができないこと]

27 CAP定理から見た ブロックチェーン

このレッスンの
ポイント

ここまでのレッスンでP2P方式や分散システムについて理解できたと思います。そうすると、ブロックチェーンに実現が困難な点はなにかが見えてきます。向き不向きを正しく理解して、ブロックチェーンの欠点をカバーできるかを考察します。

○ インターネットのサービスに要求される3つの性質

インターネットを通して広くサービスを提供する際、事業者の立場で「これだけは保証しておきたい」と考えるものが3つあります。
1つめは「一貫性」です。ユーザーがサービスにアクセスしてきたときに、必ず最新の情報が提供されることを保証するものです。
2つめは「可用性」です。これは、サービスが落ちない(停止しない)ことを保証するものです。

3つめは「分断耐性」です。分散システムでサービスが運用されている場合、ネットワークが切れてしまうと困ります。そこでネットワークのどこかが切れたときにもサービスが止まらないことを保証するものです。けっして「ネットワークが切れないこと」を保証するものではないことに注意してください。

▶ 3つの性質　図表27-1

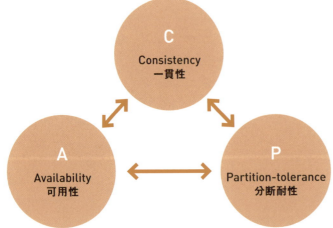

インターネットのサービスで保証すべき性質は、一貫性、可用性、分断耐性の3つ

● ブロックチェーンの性質をCAP定理にあてはめてみよう

少し難しい話になりますが、ここで「CAP定理」という法則を紹介しましょう。

CAP定理とは、「サービス事業者が実現したいと考える3つの性質（一貫性、可用性、分断耐性）を、すべて同時に満たすことは不可能である」という定理です。

この法則は、「なにもかも都合のいいシステムは存在しない」「あちらが立てばこちらが立たない」などの一般論に言い換えることができるでしょう。

一貫性（Consistency）、可用性（Availability）、分断耐性（Partition-tolerance）の3つの英語の頭文字をとって「CAP定理」と名づけられました。

ちなみにブロックチェーンの場合、可用性と分断耐性を保証する代わりに、一貫性を少し犠牲にしています。可用性（A）と分断耐性（P）を優先的に保証していることから、「AP型」または「APシステム」などと呼ばれることがあります。

▶ CAP定理の実装例　図表27-2

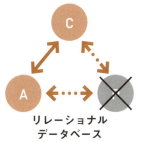
リレーショナル
データベース

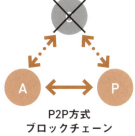
P2P方式
ブロックチェーン

コンシステント
ハッシュ型ストレージ

リレーショナルデータベースの場合は分断耐性、P2P方式ブロックチェーンの場合は一貫性、コンシステントハッシュ型ストレージの場合は可用性を犠牲にしている

👍 ワンポイント　CAP定理についてもう少し詳しく知っておこう

ネットワークエンジニアやサービス事業者たちは、以前から「なにもかも都合のよいシステムは存在しない」という事実を、経験的に理解していました。

CAP定理はカリフォルニア大学バークレー校のエリック・ブリュワー教授が提唱し、2002年に論理的に証明されたものです。きちんと証明が与えられたため、ただの経験則から「定理」へと昇格しました。この定理は、一般的には「一貫性と可用性のどちらをとるか」という話に置き換えられることが多いでしょう。

もっとも単純な例として、「サーバー1台ですべての仕事を担っている」という状況を考えてください。この場合、一貫性は保証されていますが、可用性は失われます。1台のサーバーが故障すれば、なにもかも止まってしまうからです。

ならば、「2台のサーバーを使って、データのバックアップをとりながら運用する」というシステムにすればどうでしょう。この場合、1台が故障してもサービスは提供できるので可用性は上がります。しかし、データをコピーする際に必ずタイムラグが生じるので、一貫性が下がるというわけです。

ブロックチェーンが実現する「可用性」と「分断耐性」

これまでにも説明してきましたが、ブロックチェーンの長所は、可用性と分断耐性にあります。くどいようですが、この長所についてもう一度おさらいしておきましょう。

ブロックチェーンは、複数のノードを使って情報を冗長化した分散システムです。ですので、この時点で「可用性」に長けていることはわかるでしょう。

さらに、ブロックチェーンは各ノードがP2P方式で通信しているので、ネットワークが少しくらい分断されても、全体のサービスは止まりません。伝言ゲームの中継を繰り返すことで、ネットワークの端から端までメッセージがたどり着くことさえできれば、ブロックチェーンは稼働し続けます。ブロックチェーンは「サービスが止まらない」という性質を全力で目指したシステムといえます。

▶ ネットワークの分断を試みる攻撃の例　図表27-3

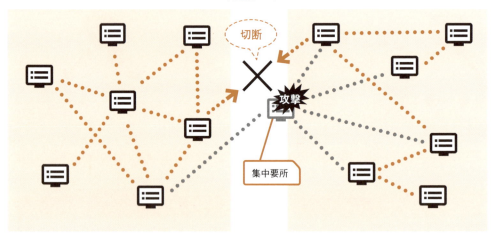

攻撃者はあらゆる弱点を利用してシステムの機能不全化を試みるが、ネットワークの規模が大きくなると、それも困難となる

上図では、ノードの数が少ないのでネットワーク上の弱点が見つけやすいですが、実際のネットワークは何千台というノードでもっと複雑なメッシュを作っているため、実質的にネットワーク分断攻撃は非常に困難であるといえます。

○「一貫性が弱い」とはどういう意味か？

ブロックチェーンは、可用性や分断耐性の強靭さに比べると、一貫性が「比較的」弱いといえます。たとえばビットコインの場合、世界中に7,500台を超えるノードが存在し、互いに通信しながら稼働しています。このネットワークにデータを書き込んだとしても、7,500台すべてのノードにそのデータが反映されるまで、当然ながらいくらかの時間がかかってしまいます。

ブロックチェーンには「データ書き込みの受けつけ役サーバー」といったものは存在しません。どのノードにデータを書き込んでもいいのです。

したがって、離れた場所にある2つのノードに対し、ほぼ同時に別々のデータが書き込まれた場合、ノードによってデータ書き込まれる順序が入れ替わるケースが起こってしまうのです。これは、ネットワーク内のノードの位置によって、「伝言ゲーム」の到達速度が違うためです。そのため、先着順のチケット購入といった順序性が重要な取引にブロックチェーンは向いていません。

> 逆に、海外送金や振り込みといった、少しくらい待たされてもいいが、不正は絶対に許されない業務には、ブロックチェーンはとても向いています。

○ ブロックチェーンが「一貫性の弱さ」をカバーするには

ブロックチェーンは、原則として、すべてのノードが同じ役割を果たします。どのノードに対してデータを書き込んでもかまわないし、どのノードからデータを読み出してもかまいません。書き込まれたデータは、伝言ゲームを繰り返しながら最終的にはすべてのノードにコピーされます。したがって、ノードの場所によってデータ反映の時差が必ず生じます。

逆にいうと、「焦らずじっくり待ってからノードにアクセスすれば、ブロックチェーンの一貫性は保証される」ともいえます。

ブロックチェーンはFintech（金融＋技術）の代表のように考えられていますが、すべての業務にブロックチェーンが使えるわけではありません。クレジットカードや交通系ICカードを使った支払いなど、瞬時に手続きが終わることが期待される業務には、ブロックチェーンは不向きです（絶対に使えないわけではありませんが、工夫が必要です）。

Chapter 4 ブロックチェーンを支える分散システムを学ぼう

105

Lesson [ブロックチェーンのデータストレージ技術]

28 コンテントアドレスの仕組みを理解しよう

このレッスンのポイント

ブロックチェーン周辺で利用されるデータストレージ技術もまたP2P分散技術を応用しています。このレッスンではP2P分散型データストレージの特徴である「コンテントアドレス」というファイル管理方法の概念を学習し、それが適する分野はどこかを考察します。

ブロックチェーンも特別なデータストレージの1つ

「P2P分散データストレージ」というと、なにやら難しそうな言葉ですが、意味は読んで字のごとく、「P2Pを利用して、複数のコンピューターにデータを保存する仕組み」を指します。
ブロックチェーンは、特殊な「P2P分散データストレージ」の1つ、といえます。ただし、ブロックチェーンに保存できるものは、原則として「トランザクション」と呼ばれる取引のデータだけです。

「画像やWordのデータをそのままブロックチェーンにアップロードする」といった使い方は、普通はできません。
仮にそのような使い方が可能だったとしても、ブロックチェーン上に安易にデータを保存することはおすすめできません。なぜなら、ブロックチェーンに記録したデータは、内容の変更も削除もできなくなってしまうからです。

▶ブロックチェーンに書き込めるデータは取引データのみ　図表28-1

保存できるデータはトランザクションと呼ばれる取引データだけ

取引データ　取引データ　Wordデータ　画像データ

Office系ファイルや画像ファイルなどは直接保存できない

ブロックチェーンに書き込めるのはトランザクション（Tx）データのみ

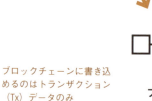

ブロックチェーン

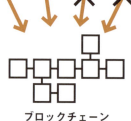

ブロックチェーンに記録したデータは、変更や削除ができないという点に注意が必要です。

● ファイルのハッシュ値とファイルの実体をつなげる「コンテントアドレス」

P2P分散データストレージにデータを保存する際、「どうやってファイルを特定するか」が問題になってきます。世界中に分散したノードに自由にデータを書き込める状態だと、勝手にファイル名をつけられなくなってしまうでしょう。他の人が保存したファイル名とかぶってしまう可能性があるからです。ならば、「世界中に同じファイル名が存在しない」というチェックをしてからファイルを保存しようにも、P2P分散技術は一貫性が保証されないため、たまたま同じタイミングで同じファイル名をつけてしまう事故が起こりえます。

そこで登場するのが一方向ハッシュ関数です（レッスン19参照）。保存したいファイルそのものから生成したハッシュ値をそのまま「アドレス」として利用すれば、まずほかのアドレスとかぶることはありません。この仕組みをコンテントアドレスといいます。コンテントアドレスについては第8章でも解説します。

▶ ファイルの実体はP2P分散ストレージへ
　ファイルのハッシュ値のみブロックチェーンへ 図表28-2

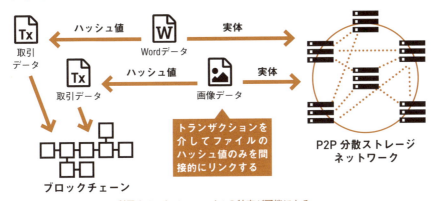

ハッシュ値をアドレスとして利用することで、ファイルの特定が可能になる

●「改ざんされては困るもの」の保存に適している

P2P分散データストレージの例として、ブロックチェーンの登場より前に、「P2Pファイル共有ソフト」と呼ばれるものがありました（Winnyが有名です）。こうしたP2Pファイル共有ソフトは、匿名性が高いことからすっかり違法なイメージがついてしまいましたが、P2P技術の本質は、ブロックチェーンとよく似ています。

先ほど述べたように、一度P2P分散ストレージに保存したデータは、内容の変更も削除もできなくなります。なんとも不自由な足かせですが、「この足かせがメリットになるような使い方をすればいい」ともいえます。

たとえば、絶対に内容を改ざんされては困るような契約書や履歴事項全部証明書などをP2P分散データストレージに保存する、といった使い方が考えられます。

Lesson [ブロックチェーンの分岐]

29 ブロックチェーンは全ノードが同じ計算を行う

このレッスンの
ポイント

ブロックチェーンのネットワークを形成するノードの役割に「合意形成」があります。これは分散コンピューティングの計算によって行われています。ここでは、合意のための計算と、ノードによって計算結果が異なった場合にどのように対応するかを見ていきます。

● ブロックチェーンの分散コンピューティング

一般的に「分散コンピューティング」とは、複数のコンピューターが役割分担しながら同時並行的に計算を行うことで高速処理を実現する技術のことを指します。このような目的で分散コンピューティングを行う場合、通常は「誰にどんな仕事を割り振るか」を管理する、割り当て役のノードが必要になります。みんなで役割分担をして処理が高速になる反面、割り当てられたノードのいずれかが壊れてしまうと、ほかのノードが穴埋めしないと情報に不整合が出てしまいます。

しかし、ブロックチェーンで「分散コンピューティング」を行う場合は、少し様相が違ってきます。ブロックチェーンでは、全ノードが同じ計算を行います。全ノードが同じ計算を行うので、すべて同じ結果が出る……はずです。

しかし、「いつも必ず同じ結果が出るか」といわれれば、その保証はどこにもありません（その保証があるなら、わざわざみんなで計算する必要はありません）。そのため、各ノードの計算処理が終わったら、最後にみんなの結果が、「確かに同じになった」と確認（合意）を行う必要があります。

ブロックチェーンでは、全ノードが同じ計算を行い、結果が同じかどうかを確認する必要があります。

Chapter 4 ブロックチェーンを支える分散システムを学ぼう

分散ノードが違う結果を出したらどうなるか？

ブロックチェーンを使って分散コンピューティングを行う場合、みんなが同じ計算を行います。これは、いかにも非効率的です。全ノードが計算結果について合意するために、全ノードが同じ計算を行いますが、その結果が異なるとブロックチェーンが分岐してしまいます。

その場合、それぞれのノードは自分が正しいと思うほうにブロックをつなげていきますが、やがてブロックの高さ（長さ）に差がつくと、決着がつき、結果として合意がとれた状態となります。

そのうえで、計算結果などのデータがブロックチェーンのネットワーク全体に伝播する時間も待たされるわけですから、「ブロックチェーンの分散コンピューティングはとにかく処理が遅い！」というのが現実です。

こうしたデメリットにも関わらず、このようなアーキテクチャーが採用されているのは、ブロックチェーンが「可用性」と「不正防止」をなにより重視しているからです。

▶ ブロックチェーンは分岐する 図表29-1

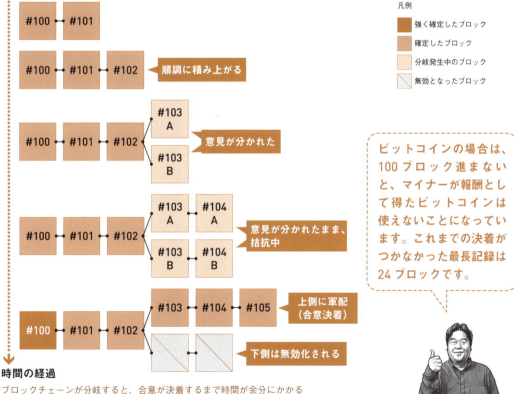

ブロックチェーンが分岐すると、合意が決着するまで時間が余分にかかる

ビットコインの場合は、100ブロック進まないと、マイナーが報酬として得たビットコインは使えないことになっています。これまでの決着がつかなかった最長記録は24ブロックです。

Lesson 30 ［合意形成の仕組み］
分散システムにおいて「合意」を形成する方法を知ろう

このレッスンの
ポイント

分散システムにおいて、一般に参加者の母数があらかじめわかっている<u>プライベート環境</u>での合意形成はおおむね多数決型で決着可能です。ここでは母数が決まらない不特定多数の参加が認められる<u>パブリック環境</u>下での合意形成は、どのように実現できるのかを取り上げます。

○ 合意形成の基本は多数決

ブロックチェーンの分散システムでは、各ノードがなんらかの方法で「統一した結論」に合意します。そのうえで、全ノードが（合意した内容を）記録します。

ここで問題になってくるのが、「合意」の定義です。いったいなにをもって「合意できた」とみなせばいいのでしょうか？

前述のようにブロックチェーンでは、原則としてすべてのノードがいっせいに同じ仕事（トランザクション処理や計算処理）をします。したがって、普通に考えれば、いつでも満場一致で同じ結果が出てくるはずです。実際に、<u>1台残らずすべてのノ</u><u>ードが同じ結論を出してきた場合は、なにも問題</u><u>ありません</u>。異論が存在しないのだから「全ノードが合意した」と胸を張っていえます。

問題は、一部のノードの意見が食い違うときです。「そんなの多数決で結論を決めればいいじゃないか」というのはもっともで、実際に単純な多数決による合意形成を採用しているブロックチェーンのプログラムもたくさんあります。

しかし、場合によって単純に多数決で解決できないケースもあり得るのです。ここでは、そのようなケース（と解決方法）について紹介しましょう。

母集団の人数が決まらない分散システムにおける合意形成は、単純に多数決で決めることができません。

○ パブリックチェーンは多数決で判断できない

「多数決」という言葉を、もう少し具体的に言い換えてみましょう。すると、「全体の過半数を占めた意見に全員が従う」といった表現になるでしょうか。

このとき「過半数に達したかどうか」を判定するためには、「合議に参加するメンバーの総数」を把握していなければなりません。「なにを当たり前のことを」と思うかもしれませんが、ブロックチェーンの世界では、必ずしも全ノードの数が把握できるとは限らないのです。

もっとも有名なブロックチェーンの1つ、ビットコインは、まさにその典型です。ビットコインは、世界中でいつでも誰でも自由にノードを立ててもいいことになっています。このようなブロックチェーンを「パブリックチェーン」または「パブリックブロックチェーン」と呼びます。パブリックチェーンでは、一般に多数決による合意形成は難しくなります。

▶ パブリックチェーンでは多数決を採用できない 図表30-1

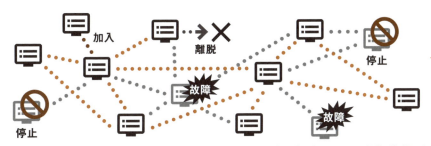

加入・離脱・故障・休止がいつどこで起こるかわからないため、多数決に必要なノード総数が把握できない

👍 ワンポイント ビザンチン将軍問題

ビザンチン帝国（6世紀以降の東ローマ帝国）の軍勢が、敵の拠点を包囲している状況を考えます。ビザンチン帝国軍には複数の将軍がいて、彼らの合議によって作戦が決定されます。作戦の選択肢は「全軍突撃」または「全軍撤退」の2つしかありません。

普通に考えれば、将軍たちの投票による多数決で作戦を決めればよさそうです。しかし、将軍のなかに反逆者がいて、彼らの妨害工作によって非合理的な結論に導かれてしまう可能性があります。場合によっては、その反逆者が一部の将軍に対して「全軍突撃に投票する」と伝える一方、ほかの将軍に対して「全軍撤退に投票する」と相反する意見を伝えることもできるでしょう。そうすると「過半数の得票によって全軍突撃に決まった」と勘違いした一部の将軍のみが攻撃を開始してしまい、結果として多勢に無勢となるため、ビザンチン帝国軍は致命的な敗北を喫するはめになりかねません。

「ビザンチン将軍問題」とは、このような反逆者（が存在する可能性）に対して、どのような対策を講じればいいのか、を問うものです。ブロックチェーンの合意形成の考え方は、ビザンチン将軍問題の解決方法と本質的に同義です。

NEXT PAGE →

○ リーダーを要する合意形成

参加者の母数があらかじめわかっているプライベートなブロックチェーンでは、リーダーを決めて合意を行うパターンが合理的です。ブロックチェーンが発明される以前の中央集権型のシステムでは、正しい可能性がある複数の選択肢で迷いが生じた場合は、「合意」というプロセスをとらず、管理者の一存でいずれが正であるかを決めていました。

これが分散型のシステムになると、いったんリーダーが回答の提案をして、それに対しての是非を問う、民主的な多数決型の合意形成がとられるようになりました。

▶ リーダーを要する合意形成 図表30-2

中央集権型システムの合意原理

- ☑ 正しい可能性がある複数の選択肢は、どちらが正しいかを判断せずに分岐させる
- ☑ どの分岐を選択するかは、**管理者に委ねる**

Ⓐ の選択が「正」と管理者が決定

分散型システムの合意原理

- ☑ 正しい可能性がある複数の選択肢は、どちらが正しいかを判断せずに分岐させる
- ☑ どの分岐を選択するかは、**リーダーに委ねる**

Ⓐ の選択が「正」とリーダーが提案

中央集権型の場合、どちらを選択するかは管理者の一存で決まる。一方の分散型システムの場合は、リーダーに同意するかしないかは多数決で決まる

多数決型の合意形成をとる場合、必ず参加者の母数がわかっている必要があります。

◯ リーダーが不要の合意形成

参加者の母数があらかじめわからないパブリックなブロックチェーンでは、多数決型の合意形成をとることは難しいため、別の方法を考える必要があります。ブロックチェーンの発明以前では、不特定多数の利用者が自分の意思で動かなければならないとき、なんの評価指標も見つからなければ「全体の合意」をとる術がありませんでした。

しかし、ブロックチェーンが発明されると、その状況は180度変わり「全体を合意する術」が確立されたのです。そのときのキーワードが「経済的なインセンティブ」です。

具体的にいうと、ビットコインのネットワークにおいては「ビットコイン」を得られることが、経済的なインセンティブになります。

つまり、正しい選択をした者がこの経済インセンティブの行使権を獲得でき、そうでなければ、その行使権が得られないという仕組みが発明されたのです。これが「Proof of Work」(プルーフオブワーク)や「Proof of Stake」(プルーフオブステーク)と呼ばれる合意形成手法です。

▶ リーダー不要の合意形成 図表30-3

ブロックチェーンの発明以前

☑ 正しい可能性がある複数の選択肢は、どちらが正しいかを判断せずに分岐させる

☑ どの分岐を選択するかは、**利用者に委ねる**

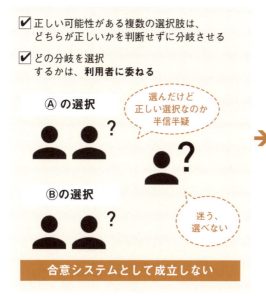

ブロックチェーンの合意原理

☑ 正しい可能性がある複数の選択肢は、どちらが正しいかを判断せずに分岐させる

☑ どの分岐を選択するかは、**利用者に委ねる**

合意形成するにあたって、経済的インセンティブがあることで正しい選択を行うようになる

ブロックチェーン最大の発明は、分散合意形成に「経済インセンティブ」を組み込んだことでしょう。

Lesson [合意形成と仮想通貨]

31 ブロックチェーンの合意形成方法「Proof of Work」「Proof of Stake」

このレッスンのポイント

ブロックチェーンの最大の発明は、分散合意形成に経済インセンティブの概念を付与したことによって、母集団を特定しない不特定多数の参加者による実用的な合意形成を達成したことです。このために副産物として生まれた概念が「仮想通貨」(コイン) なのです。

○「ビザンチン将軍問題」を合意形成にあてはめる

111ページのワンポイントで取り上げたビザンチン将軍問題をあてはめてみましょう。ビザンチンの帝国軍は、9人の部隊が、敵城を攻め落とすために包囲網を組んでいます。あなたは帝国軍のとある1部隊の将軍ですが、実はビザンチン帝国に恨みを持っています。

目的の敵城を落とすには9部隊で「全軍一斉攻撃」するか、あきらめて「全軍撤退」を、各部隊の将軍たち同士で合意を得なければなりません。
さて、各部隊の意向が、4対4であるとき、あなたはどのような行動をとれば、ビザンチン帝国を裏切れるでしょうか？

○ 裏切り者がいるかもしれない環境下での合意形成

このような状況下で正常な合意形成を行うために、パブリックチェーンのシステムがとった戦略は、「正しい決断をした者が、結果として経済的な利益を得る」という、実にシンプルな解でした。
この仕組みは、実際にうまく稼働しており、ビットコインは発明以来ずっと、合意形成を成立させ続けています。このような合意形成方法を「ビザンチン・フォールト・トレランス (BFT) アルゴリズム」と呼び、特に、ビットコインに採用されているProof of Workというアルゴリズムは、創始者にあやかって、別名「ナカモト・コンセンサス」と呼ばれています。

以降、Proof of Work と Proof of Stake という2つのBFTアルゴリズムを紹介します。

Chapter 4 ブロックチェーンを支える分散システムを学ぼう

114

○ 不特定多数の合意形成を実現する「Proof of Work」

Proof of Workは、不特定多数の参加者による合意形成を実現するための仕組みです（第6章のレッスン41参照）。Proof of Workは直訳すると「仕事の証明」ということになります。そこで行われている仕事とは、一種のクジ引きのようなものです。ノードは、トランザクションプールに蓄積されている取引データを、何十、何百と取り出しながら、前のブロックのハッシュ値と、タイムスタンプとを「ブロック」に詰め、さらに「ノンス」と呼ばれる適当な数を入れながら、そのブロックのハッシュ値の先頭に所定の数だけ「0」が並ぶのを発見するまで、ひたすら計算をします。

この一見無意味な「ノンス」の発見競争を「Proof of Work」といい、めでたく所定数の「0」の並びを発見したノードは「コインの新規発行」が認められるという仕組みになっています。これがあたかも、鉱山を採掘してコインを掘り当てたかのようにも見えるため、別名「マイニング」とも呼ばれています（図表31-1）。

▶ Proof of Work（マイニング）とはどんなものか？ 図表31-1

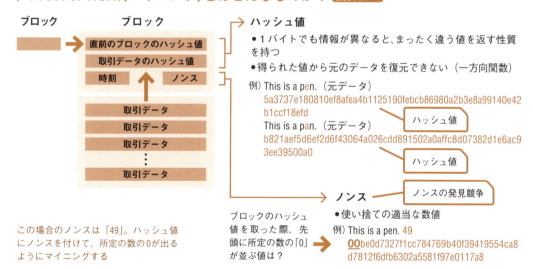

この場合のノンスは「49」。ハッシュ値にノンスを付けて、所定の数の0が出るようにマイニングする

> 0が2つ並ぶくらいなら、人の手でも探せますが、0がたくさん並ぶと、コンピューターを使ってもかなり大変です。2016年6月現在、16進数換算で約18個の「0」が並ぶノンスを見つけなければなりません。

○ Proof of Workの問題を解決した「Proof of Stake」

Proof of Workは大量のコンピューティングリソースとそれを駆動させるために無駄に電力消費を要するため、エコロジーではないという大きな問題があります。この問題を解決しようとした分散型合意形成アルゴリズムがProof of Stakeです。このProof of Stakeもまた、Proof of Workと同じように、合意形成時に経済合理性による判断を行うという観点を持ち込んでいることから、不特定多数の参加者を許容するブロックチェーン向きの合意形成アルゴリズムとなっています。このProof of Stakeの実装方法には派生アルゴリズムがいくつか存在しますが、基本的な考え方は、図表31-2のようなものです。

▶ Proof of Stakeの基本的な考え方　図表31-2

コインエイジ ＝ コインの保有量 × コインの保有期間

Proof of Stakeを採掘するにはコインエイジを賭ける必要があるが、コインの保有量と保有期間が多いほうが有利。たくさん差し出すほど、マイニングの難易度が低くなる

○ Proof of Stakeのインセンティブ方式

Proof of Stake方式を採用する仮想通貨システムでは、図表31-2の式で表される「コインエイジ」が大きくなる採掘権を提供するものほど、採掘にかかる難易度が低くなるように調整されています。そのため一般にProof of Workを行う仮想通貨（コイン）のブロックチェーンよりも、エネルギー消費量は少なくて済み、かつ、短時間で採掘が完了するのが特徴です。

そして、採掘に成功した際に入手できる報酬（新たに発行されるコイン）は、コインエイジに見合う金利報酬となるような仕組みになっている点もおもしろく、ゆえに、ビットコインのように採掘成功時に発行される新規コインは一定額ではありません。

しかし、このような方式を取ると、お金を貯めこむ人ほど優位になりやすい傾向があることから、比較的新しいコインの派生実装の例（peercoin）では、一部の金持ちだけが勝ち続けられないよう、できるだけ貯めこまれないように、コインエイジの計算にいくつかのファクターを設けて、たとえば、流通頻度の高い物ほどコインエイジが高く評価されるようにするなどの工夫がされています。

> 比較的新しめのパブリックブロックチェーンでは、Proof of Work 系よりも、Proof of Stake 系の合意形成アルゴリズムの採用のほうが多いようです。

◯ 多数決型合意形成 vs. 不特定多数型合意形成

あらかじめネットワークに参加するノードの数を把握して、合意提案を行うリーダーを選出する必要のある「プライベート型ブロックチェーンの合意形成」。そして不特定多数の利用者がいつでも参加したり、休んだり、脱退したりなど、活動の選択が利用者に委ねられている「パブリック型ブロックチェーンの合意形成」。どちらが優れた仕組みなのでしょう？

> 「パブリック型」や「プライベート型」の区分のほかにも「役務権限の有無」による「パーミッション型」のような切り口もありますが、分類が複雑になるため、ここではあえて二元論でお話しします。

◯ トラストレス（信用いらず）な合意形成は「パブリック型」一択

不特定多数の利用者がいるなかでも、ビザンチン将軍問題を実用的に解決できるところが、パブリック型のブロックチェーンを採用する大きな価値です。しかしその合意はブロックの形成により徐々に信頼度が高まるという仕組みになっていて、どうしても合意のスピードが犠牲になってしまいます。

その代わり、公共性、真正性の証明用途でブロックチェーンの活用を考えているならば、誰でも利用できるという透明性を有することから、パブリック型を使わないと利用者からの信任は得られないでしょう。

◯ 合意形成のスピードの勝負なら「プライベート型」に軍配

合意のスピードやファイナリティ、一貫性などが要件になる場合、プライベート型一択でしょう。ただしその場合、従来型のリレーショナルデータベースを使うほうがいいのではないか？という結論に陥りがちです。
また、合意判断の提案を行うリーダーを決める必要があったり、投票集計などの必要性があったりなど、ネットワークが拡大するほど性能低下に陥りやすい要素があり、承認に参加できるノードの数はせいぜい数十台程度までが実用的など、パブリック型のように数千台規模のネットワークに拡大するのは難しく、そのためにブロックチェーンの特徴の1つである「ゼロダウンタイム」性能が多少犠牲となります。

> どちらも一長一短です。いずれを選ぶかは対象業務によるとしかいえません。

Chapter 4　ブロックチェーンを支える分散システムを学ぼう

Lesson [Proof of Workの合意]

32 ブロックが分岐（フォーク）したときの解決方法

このレッスンの
ポイント

分散型システムによる合意は必ずしも満場一致になるわけではありません。相反する合意の提案がなされた場合に、ブロックチェーンでは「分岐」が発生しますが、これがどうしたら解消され、その結果としてどのように合意に至るのかを説明します。

○ Proof of Workは本当にうまく機能するのか

Proof of Workは、一見したところでは、とても「合意」しているようには見えません。なぜこのような仕組みが「合意」になるのでしょうか？
「ある条件を満たす文字列を含むハッシュ値」が見つかるかどうかは、完全に運まかせです。したがって、意図的な悪意がなかったとしても、たとえばビットコインのブロックチェーンの場合、条件成立の難易度が約10分になるように調整されて

いることから、異なる2つ以上のノードが、ほぼ同時に「ある条件を満たす"列の"文字列を含むハッシュ値」を発見してしまうことは、実際によくあります。このとき、ブロックチェーンには、複数の異なる処理結果を同時並行的に書き込んでしまい、まるでパラレルワールドのような状態になってしまいます。ここでブロックチェーンに分岐が発生します。

異なる2つ以上のノードが、同時に条件を満たす列の文字列を含むハッシュ値を発見したときには、いったいどうやって解決するのでしょうか？

○ 分岐（フォーク）が発生したときの合意判定

相反する意見が発生すると、ブロックチェーンは分岐してしまいますが、各ノードが自分の計算結果に照らし合わせて、正解だと思うほうのブロックチェーンを伸ばしていきます。いち早く長く伸

びたほうを正しい結果のチェーンであると考え、こちらを正として軍配が上がり、経済インセンティブが有効になるとともに、もう片方の経済インセンティブは無効化されます。

▶ ブロックチェーンにおける意見分岐と合意決着 図表32-1

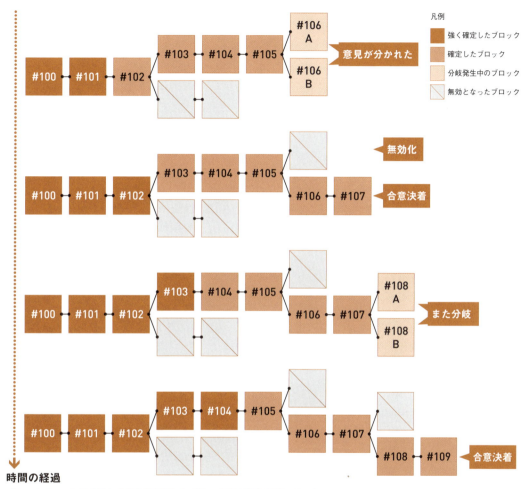

時間の経過

ブロックチェーンは分岐と合意を繰り返しながら、合意の強度を増していく

> 合意形成に経済インセンティブを付与することで、一度短くなったブロックチェーンの合意を取り戻す作業は容易ではなくなりました。インセンティブがない場合に比べて、合意の転覆は、それを試みる者の心理的にも経済的にも選択の余地がないのです。

Chapter 4　ブロックチェーンを支える分散システムを学ぼう

ⓘ COLUMN

ブロックチェーンの一時分岐と恒久的分岐の違い

ここまでに紹介してきたブロックチェーンの分岐（フォーク）は、ほぼ同時に別のマイナーによりブロックが発見された際などに生じる一時的なものです。これは通常の運用で日常的に起こる現象です。このような分岐ならば、せいぜい数ブロックも生成されるうちに、長く伸びたほうで合意決着し、自然に解消します。一般の利用者がこれを意識する必要はほとんどありません。一方で、ブロックチェーンに仕様変更を加えようとする場合、従来の仕様には含まれないブロックやトランザクションを作る必要があるため、場合によっては一般の利用者に影響がおよぶことがあります。

通常の仕様変更であれば、「シグナリング」という手法を使ってマイナーの95％の準備が整ったことが確認できれば、一定の期間をおいて、円満に新仕様が適用開始となります。しかしどんなに重要と考えられる仕様変更であっても、意見が1つにまとまらなければ、ハードフォーク（恒久的な分岐）という手段をとらざるを得ない事態も出てきます。

これは滅多にあるものではありませんが、たまたま本書を執筆中の2017年7月に、現在進行形で「ビットコインのスケーリング（拡張性）に関する課題解決」を目的に行われるハードフォークがなされようとしています。

この議論はすでに2年以上前からコミュニティ内で活発に交わされてきたものです。これまでもいろいろな方法が提案されてきましたが、最終的に大きく2つの派閥ができました。

①ブロックサイズは従来通り（上限1MB）とし、署名部分をトランザクションから分離して圧縮を図りサイズを節約しようという考え。主にコア開発者が中心に支持している「SegWit：Segregated Witness（セグウィット署名分離方式）」陣営

②ブロックサイズの制限（上限1MB）を解除して、自由に拡大したいという考え。主にマイナー（採掘者）が中心に支持している「Unlimited（BigBlocks）ブロックサイズ制限解除方式」陣営

この2陣営の話し合いでは1つにまとめることができず、結果としてビットコインのブロックはハードフォークを行い、互換性のない2つコイン（もとからの名を継ぐ「ビットコイン」（BTC）と「ビットコイン・キャッシュ」（BCCまたはBCH）と呼ばれる新コイン）に分離されることになりました。ハードフォークが起きる場合、コインもフォークしますが互換性がないため、それぞれがまったく新しいコインとみなせます。しかし、もとが1つのコインなのでそれぞれのフォークに対して同じ数量のコインが引き継がれます。つまり、ブロックチェーン上のコインは倍になるということです。

これを受けて、一般メディアは「ビットコイン分裂か？」と不安を煽るような報道を繰り返しています。しかし選択された分離方法は、技術的に見ればおおむね安全な方法に落ち着いたので、ひとまず安心していいでしょう。

Chapter 5

ウォレットの仕組みを理解しよう

> ブロックチェーンのウォレットは、ビットコインや仮想通貨を安全に保管し、やりとりするための「オンラインの財布」です。この章ではウォレットの仕組みを解説します。

Lesson [ウォレットとは]

33 「ウォレット」は手持ちの残高がわかる仕組み

このレッスンのポイント

ウォレットというとお財布のような「もの」があるように思うかもしれませんが、実際には「もの」は存在せず、その実体は公開鍵暗号の鍵をもとにした概念的なものです。少し理解しにくいかもしれませんが「手持ちの残高がわかる仕組み」くらいに考えてもかまいません。

○ ウォレットとはなにか？

「ウォレットとはなにか？」——シンプルですが、実は答えるのが難しい質問です。大きく分けると、図表33-1 に表した2つの意味があるものと考えられます。

一般の感覚的には、①をウォレットと呼ぶほうがふさわしいのかもしれません。しかし、実際にはそれらの機能は「ユーザーインターフェイス」のことを指しています。実態としては、むしろ②で表現したようなものが、ブロックチェーンの文脈では「ウォレット」と呼ばれています。

そこで本書では、①のような、お財布的な機能のことを「ウォレットアプリ」と呼び、②のような、暗号の鍵をもとに導出されたアドレス（識別子）のことを「ウォレットアドレス」と呼ぶことにします。

▶ ウォレットの意味 図表33-1

①モバイルアプリやウェブサービスによって表現される「残高照会」や「送金」ができる機能のこと
②ブロックチェーンで利用されている公開鍵暗号の「秘密鍵」と「公開鍵」をもとにして、数学的に導出された「アドレス」のこと

本章では主に②のアドレス（ウォレットアドレス）について説明する

この問いはシンプルなのに、奥が深いです！この章ではウォレットとはなにかを深掘りしていきます。

ウォレットアドレスにも「秘密鍵」と「公開鍵」がある

まずは、ウォレットアドレスの説明をします。ウォレットアドレスとひとことでいっても、それもまた「秘密鍵のウォレットアドレス」なのか「公開鍵のウォレットアドレス」なのかという違いがあります。

私たちが仮想通貨の取引などで一番よく目にするのが「公開鍵のウォレットアドレス」です。これは「お金を受け取るためのアドレス」、見方を変えれば「お金の送り先のアドレス」ということになります。

本書では特に断りなく「ウォレットアドレス」とだけ書いた場合は「公開鍵のウォレットアドレス」を指していると理解してください。

一方の「秘密鍵のウォレットアドレス」は「取引に署名するためのウォレットアドレス」にあたります。

しかし、実際にはウォレットアプリの内部では「秘密鍵」の状態にまで展開され保管されているのが一般的で、むしろ、ウォレットをバックアップするための書式といったほうがふさわしいかもしれません。別名を「WIF」(Wallet Import Format) といい、ほかのウォレットアプリにアドレス一式を移行する際に利用できます。

ウォレットアドレスは計算で導き出せる

ウォレットアドレスには「秘密鍵」と「公開鍵」が関係しているという話をしましたが、それぞれの関係性は 図表33-2 で図示した通りで、まず乱数列から秘密鍵が作られます。そして、秘密鍵はバックアップ向けのWIF形式に変換されエクスポート可能な状態となります。

WIFは秘密鍵と相互変換性があり、公開鍵は秘密鍵から生成されますが、公開鍵から秘密鍵を導くことはできません。最終的に、ウォレットアドレスが公開鍵から生成されますが、これも不可逆で、ウォレットアドレスからは公開鍵には戻せません。

▶ ウォレットアドレスの関係性 図表33-2

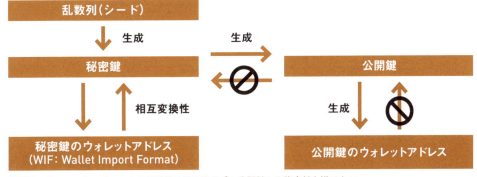

公開鍵のウォレットアドレスから公開鍵は導き出せず、公開鍵から秘密鍵も導けない

Lesson 34 ［ウォレットアドレス］

ウォレットアドレスの導き方

このレッスンの
ポイント

秘密鍵、公開鍵のキーペアを含む一連の<u>ウォレットアドレス</u>は、すべて計算で導き出すことができます。このレッスンではその導き方をはじめ、ウォレットアドレスの表記方法、アドレス空間の大きさなどについて解説します。

○ ウォレットアドレスはオフラインで生成可能

秘密鍵、公開鍵を含む一連のウォレットアドレスが、すべて計算で導き出せることは前のレッスン33で述べた通りですが、これらの作業については利用者が意識する必要はありません。つまり、ウォレットアプリの導入時に自動的に処理されるのです。また、これらの計算処理の際にはインターネットの接続をいっさい必要としないのも特徴です。

つまり、<u>従来のオンラインサービスのように、初めに会員登録をして、ログインしてデータベースに情報登録</u>などを行う手続きを必要としません。ウォレットアプリでは、インストール後ただちに全機能が利用可能となり、お金を受けたり、送ったり、自分の手持ち資金の残高を確認したりすることができるようになるのです。

▶ウォレットアドレスはオフラインで生成できる 図表34-1

自動処理（オフラインでもOK）

①乱数が生成される
②秘密鍵と公開鍵のキーペアが生成される
③秘密鍵のウォレットアドレスが生成される
④公開鍵のウォレットアドレスが生成される

ウォレットアドレスは計算で生成されるので、特別な手続きなしでウォレットアプリを利用できる

ウォレットアドレスがオフラインで生成可能なことを活かして、利用者が使いやすいウォレットアプリのユーザーインターフェイスを設計するといいですね。

● ウォレットアドレスの構造

ウォレットアドレスの正体は、どうやら公開鍵暗号の公開鍵と密接に結びついていそうなことはわかりました。それでは、第2章のレッスン15で取り上げた筆者宛の寄付用のアドレスを例に構造を見ていきます。ビットコインを例にすると、そのウォレットアドレスは「1」ではじまる27〜34文字の英数字で成り立っており、それぞれ「ヘッダー」「エンティティ」「チェックサム」のブロックで構成されています。ここで使われる英数字は、Base58という方式でエンコードされています。また、ウォレットアドレスは、図表34-3のような手順で作成されます。

▶ ウォレットアドレスの構造 図表34-2

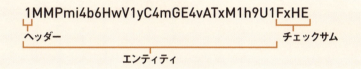

ビットコインのウォレットアドレスの例

▶ ウォレットアドレス生成の手順 図表34-3

```
ヘッダー    ＝ 0x00（ビットコインのウォレットアドレスを表す番号）
エンティティ ＝
  ① 公開鍵をSHA2-256 ハッシュ関数に掛けた値をとる
  ② ①をRIPMD-160 ハッシュ関数に掛けた値をとる
  ③ ②の先頭にヘッダーブロック（0x00）を連結し、「エンティティブロック」とする

チェックサム ＝
  ④ エンティティブロックを SHA2-256 ハッシュ関数に2回掛ける
  ⑤ ④の先頭4バイト分を抽出し、「チェックサムブロック」とする
ウォレットアドレスのエンコード
  ⑥ エンティティブロックと、チェックサムブロックを連結する
  ⑦ ⑥をBase58でエンコードする
```

エンティティ、チェックサムの生成、ウォレットアドレスのエンコードは①〜⑦の計算によって行う

👍 ワンポイント　もう1つのエンコード方式

ウォレットアドレスに使われるBase58というエンコード方式に似たものに、従来から使われるBase64という方式があります。Base64は、もっぱら機械処理のために用いられる形式です。しかし、Base58は人が見て、書き留めて情報交換を行うケースが考慮されています。たとえば、0（ゼロ）とO（オー）、I（アイ）とl（エル）といった紛らわしい文字のほか、/（スラッシュ）や+（プラス）といった記号が取り除かれているのです。このような58文字を使ったパターンから、バイナリ情報をテキスト形式で表現することができる仕組みとして利用されるようになりました。

ウォレットアドレスのパターンは事実上無限

さて「ウォレットアドレス」のパターンはいくつくらいあるのでしょうか。ビットコインを例にすると、「公開鍵アドレス」は160ビットの情報量をそれぞれが持っていて、これを作るための秘密鍵はさらに大きな256ビット分の情報量を持っています。

これらの数は途方もなく大きく、この数字は確かに有限ではありますが、事実上無限と表現してしまってもいいでしょう。

▶ウォレットアドレスのパターン数 図表34-4

| 160ビット分のパターン | = | 1,461,501,637,330,902,918,203,684,832,716,283,019,655,932,542,976 |

公開鍵アドレスの160ビット分のパターン数はこれだけある

> 世界中でいくつのウォレットアドレスが作成されたことがあるのかは、おそらく誰にもわかりません。しかし、これだけあれば、地球一生分の時間をかけても枯渇する心配はないでしょう。

ウォレットアドレスのキーペアは適当に作っても衝突しない

よく聞かれる質問の1つとして「ウォレットアドレスに使うキーペア(秘密鍵と公開鍵)はオフラインで適用に作ってもかまわないといいますが、本当に適当に作ってしまっても衝突することはないのか?」というものがあります。

これは、先述の事実上無限に見えるウォレットアドレスのパターンより、さらに2の96乗分も大きい256ビット分の情報量を持った、良質な乱数をもとにして作られます。

つまり、サイコロを256回振って「偶数」が出るか「奇数」が出るかの結果が、256回連続して偶然一致してしまうことがありますか?と聞いているのと同じです。

このことからもわかるように、十分に良質な乱数をもとに作られるウォレットアドレスがほかと衝突することは、万が一どころか、万が一のさらに、万が一の万が一の…を、重ねてもないといえるわけです。

> ウォレットアドレスや暗号キーペア衝突の心配をする人は、数字の大きさを想像できていない人に多いように思います。そういう人には「コイントスをして裏か表かの出方を連続で当てられるのは何回くらいまでが限界だと思う?」と聞いてみるといいです。
> ※ 160回以下の数字を答えた人は心配におよびません。

ウォレットアドレスの種類

ここまでに解説してきた、1ではじまるビットコイン標準の公開鍵のウォレットアドレスのほかにも、ヘッダー部に固有の値を持つアドレス形態がいくつかあります。ここでは代表的なものを紹介します。

▶ そのほかのウォレットアドレス 図表34-5

5ではじまる秘密鍵のWIF形式のウォレットアドレス
……秘密鍵をインポートするフォーマット。このアドレスからは、1ではじまる標準ウォレットアドレスを導き出せる

3ではじまるマルチシグネチャアドレス
……送金時に複数人による署名を必要とするウォレットアドレス。このアドレスは、1や5ではじまるアドレスのように1つの鍵のハッシュ値をもとに作られているものではなく、取引トランザクションに書かれた署名者リストのアドレスを含むスクリプトのハッシュ値を表している

マルチシグネチャアドレスは署名権限を分散する仕組み。詳しくはレッスン38で解説

▶ 階層型決定性（HD）ウォレットのインポート用ウォレットアドレス 図表34-6

xpubではじまる拡張公開鍵（HDウォレットを導出する公開鍵）のウォレットのインポート用アドレス
……リードオンリーのHDウォレットをインポートできる

xprivではじまる拡張秘密鍵（HDウォレットを導出する秘密鍵）のウォレットのインポート用アドレス
……フルアクセスのHDウォレットをインポートできる

xpubではじまる拡張公開鍵はHDウォレットを導出する公開鍵、xprivではじまる拡張秘密鍵はHDウォレットを導出する秘密鍵のこと（HDウォレットについてはレッスン36参照）

> ここまで紹介してきたアドレス形態は、いずれもビットコイン特有のものです。ブロックチェーンや仮想通貨の違いによって、ウォレットアドレスの書式は変わってきます。

👍 ワンポイント　ウォレットアドレスによって自動的にUIを切り替える

ヘッダー部の値が異なるため、ウォレットアドレスの種類は人が見ても一目瞭然です。ウォレットアプリもこの値を参考にして、QRコードなどに表示されたウォレットアドレスを読みとって次にどのような振る舞いをすべきかを自動的に判断しているのです。これによって、アプリ側で適切なユーザーインターフェイス（UI）に切り替える工夫がなされています。

Lesson 35 ［ウォレットアプリ］
取引窓口の役割を果たす「ウォレットアプリ」

このレッスンの
ポイント

ブロックチェーンは取引データを蓄積していますが、残高照会をするサービスや送金を行う機能などは提供していません。残高集計や取引トランザクションの作成、電子署名、そしてネットワークへの投かん作業はすべて<u>ウォレットアプリ</u>を通じて行われます。

○ ウォレットアプリはなにをしているのか？

ウォレットといえば、これまでのレッスンで説明してきたような「中身」の話よりも、「機能」の話、つまり実際にスマホなどで仮想通貨を管理する「ウォレットアプリ」のほうが一般には理解しやすいでしょう。
ウォレットアプリは、自分の持っている「<u>ウォレットアドレス</u>」を管理することができ「残高照会」したり「送金」したりという取引を補佐する役割を果たす道具です。

また、表からは見えにくい機能ですが、ウォレットアプリは取引を行う際に使用するために「暗号鍵ペアの生成と保管」、そして、取引を行うたびにブロックチェーンに定められた通りの書式で「取引文書（いわゆる「トランザクション」）を作成するための入力支援」と、作成後のトランザクションに「電子署名」を施し「ブロックチェーンのP2Pネットワークに接続してトランザクションを投かんする」といった仕事を担っています。

▶ ウォレットアプリの機能　図表35-1

①キーペアの生成と保管
②ウォレットアドレスの生成
③ウォレットアドレスに記録された残高の集計
④トランザクションの作成と電子署名
⑤P2Pネットワークへの接続とトランザクションの投かん
⑥ブロックチェーンに関する支払い検証可能なサマリーデータ構造※の保管

※ SPV：Simplified Payment Verification データ
利用者が意識することはないが、これだけの機能を有している

○ ブロックチェーンは残高を管理していない

ブロックチェーンの中身を覗いてみると、利用者ごとの残高を管理しているようなデータ構造はありません。残高どころか利用者という概念すらありません。「それでは、どうやってウォレットアプリが自分の手持ちの残高を表示しているのだろう？」と疑問が湧いてきますね。

実は、ウォレットアプリはブロックチェーンの中身をくまなく漁って、自分のウォレットアドレスに関係する取引データをかき集めてきて未使用分の残高を集計して見せているという、ずいぶんとアナログ的で手間のかかりそうなことをしているのです。

この作業はいかにも効率が悪そうに見えます。しかし実際には、次章で触れる「マークルツリー」という探索性に優れたツリー構造のデータ形式や、このような構造から自分のアドレスに関連する情報を効率的に抽出するための「ブルームフィルター」と呼ばれる探索アルゴリズムのできのよさに助けられて、わりと高速に計算ができます。

従来のデータベースと比較すると、残高照会するだけなのに、ずいぶん面倒な仕組みですね。

○ 1つのウォレットアプリはたくさんのウォレットアドレスを持つ

ウォレットアドレスの間で取引を行うためには、どこからどこへ送金を行うのかを明確にする必要があります。そのため、ウォレットアドレスは当然「一意に定まるIDのようなもの」になっている必要があります。すると多くの人は、「1つのウォレットアプリに対し、1つのアドレスが割り当てられているのだろう」と考えるでしょう。確かに以前は、そのイメージ通りの運用が主流でしたが、最近では、そのような実装はむしろ稀で、「1つのウォレットアプリがたくさんのウォレットアドレスを持つ」という使い方が一般的です。

このようなウォレットアプリでは、取引ごとにウォレットアドレスを生成するので、何百、何千、何万といった数のアドレスを管理する必要があります。しかしこの作業はウォレットアプリがよしなにやってくれるので、利用者が意識することはありません。

なぜ複数のウォレットアドレスを使う必要があるのか、気になる人もいるでしょう。理由はこのあと説明します。

NEXT PAGE

◯ 1つのアドレスだけで取引するデメリット

ウォレットの利用者の気持ちとしては「1つのウォレットに1つのアドレス」という設計のほうが、自然でわかりやすいでしょう。しかし、そのような設計にするといくつかの観点でリスクが高くなっています。

ブロックチェーンに記録された「取引の記録」は、原則としてすべて丸裸になっていて、いつでも誰でも記録を参照できる状態になっています。そのため、1つのアドレスだけを使って何度も取引を重ねていた場合、「このアドレスは、具体的に誰と取引をしているかはわからないけど、頻繁に取引しているな」ということが、誰の目にも明らかなのです。

このとき「財布の中身が盗まれるリスクがあるかどうか」という点に着目すると「財布の中身を盗みたい」と考える人にとっては「財布の持ち主が誰か」はあまり関係ありません。誰の持ち物であるかに関わらず「多く出入りがある1つのウォレットアドレス」のほうが目立ちやすく、同時に標的になりやすいという実態があるのです。

▶ 1つのアドレスでは標的になりやすい 図表35-2

1つのアドレスで多くの取引を行うと目につきやすく、狙われやすい

> お金の出入りが激しいウォレットアドレスは狙われやすいだけでなく、犯罪性収益移転に利用されているのではないかと疑われやすく、第三者機関によるウォレットアドレスの安全性評価が低くなるという側面もあります。

○ たくさんのウォレットアドレスを管理するのは大変では？

「最近のウォレットアプリでは、より安全な取引をするため、取引ごとに異なるウォレットアドレスを生成しながら利用することが一般的です」と紹介しました。しかし見出しの通り「たくさんのウォレットアドレスを管理するのは（ウォレットアプリがよしなに管理してくれるとはいえ）大変ではないの？」という疑問は、当然湧いてくると思います。特に気になることは以下の2点でしょう。

▶ ウォレットアドレスの管理の大変さ 図表35-3

① 鍵が増えすぎると、漏洩のリスクが増えてしまうのではないの？
② 鍵の紛失に備えてバックアップしたいのだけど、どうすればいいの？

大丈夫です。それらの疑問を一気に解決するいい方法があります！詳しくは、次のレッスン36へ。

👍 ワンポイント 非決定性（ランダム）ウォレット

たくさんのアドレスを作ろうとしたとき、初期のころのウォレットアプリは単にランダムに生成された秘密鍵の集まりを管理していました。このような管理を行うウォレットシステムを「非決定性ウォレット」と呼びます。

非決定性のウォレットを用いる代表例は「ビットコイン・コア」というオリジナルの実装のなかで採用されていたものです。

ビットコイン・コアが採用したウォレットアドレス生成機構は、初回起動時に、あらかじめ100個のランダムな秘密鍵を作成して保持するという単純な仕組みになっていました。そして、個々のキーは一度しか使われないよう管理されていましたが、初期のストックがなくなると、必要に応じてさらにランダムに鍵を追加していくという運用になっていました。

非決定性ウォレットの難点は、個々の鍵には関連性がないため、もし多くウォレットアドレスを生成したい場合、それらすべての秘密鍵のコピーも一緒に保持しなければいけなくなる点です。

つまり、ウォレットアドレスが増えるごとに頻繁にバックアップされなければならず、もしバックアップされていないウォレットアドレスの鍵がなんらかの理由で失われたり破損したりしてしまうと、ウォレットアドレスに二度とアクセスできなくなり、管理資金が永久に失われてしまうという事態が起こりえるのです。

次のレッスン36では、これらの問題を根本的に解決する方法を紹介します。

Lesson **36** [効率的なウォレットアドレスの管理方法]

決定性ウォレットアドレスの仕組みを知ろう

このレッスンのポイント

ここまで、最近のウォレットアプリはたくさんのウォレットアドレスを管理しているという話をしてきました。このレッスンでは、少ないリソースでウォレットアドレスを大量に扱うために適した構造として「決定性ウォレットアドレス」という効率的な仕組みを紹介します。

決定性ウォレットアドレスという考え方

「決定性ウォレットアドレス」では、まず「シード」と呼ばれる乱数から「マスター秘密鍵」を作ります。普段はこのマスター鍵は使わずに、取引が1つ進むごとに計算で導き出せる鍵ペア（秘密鍵と公開鍵）を生成しながら、ウォレットアドレスを都度作り出し、利用できるようにしようというアイデアです。

▶ 決定性ウォレットの考え方　図表36-1

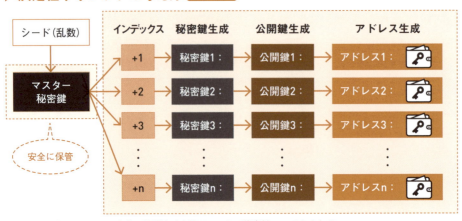

このような仕組みによって安全に管理すべき鍵はマスター秘密鍵1つでよくなる

◯ 決定性ウォレットアドレス用のマスター鍵を作る

マスター鍵を作るには、まず良質な乱数列が128ビットと4ビットのチェックサムを加えた合計132ビット分が必要となります。これは予測も再現も不可能な0と1の132個の羅列のことを指します。これを「ルートシード」（根の種）と呼び、このルートシードが決定性ウォレットを作る大元のレシピになっています。

このルートシードの値さえバックアップしておけば、これをもとにして連鎖的かつ決定的に鍵ペアとウォレットアドレスを作り出せます。

> ルートシードさえあれば、これをもとに連鎖的に作られる決定性ウォレットアドレスをすべて再構築できます。

👍 ワンポイント　ルートシードの代わりにニーモニックを覚える

ルートシードを、0と1の羅列のまま全部暗記することはほぼ不可能です。そこで考えられた方法が「ニーモニック」と呼ばれる12個の単語列に割り当てて覚えようとするテクニックです。つまり、ニーモニックとルートシードには相互変換性があります。

ここで使われるワードリストは、英語だけではなく、日本語、スペイン語、中国語、フランス語、イタリア語でも作られています（各国語とも先頭3文字が重複しないよう2,048ワードが選定）。

参考までに、ニーモニック用に選定されているワードリストへのリンク情報を掲載しますので、興味があれば調べてみてください。

▶ 各国語のワードリスト　図表36-2

https://github.com/bitcoin/bips/blob/master/bip-0039/bip-0039-wordlists.md

▶ ルートシードとニーモニック　図表36-3

ルートシード……132ビットの0と1の羅列

乱数列	チェックサム
128ビット	＋ 4ビット
132ビット	

ニーモニック……12個のキーワード

abandon	lift	what
cat	organ	ritual
fuel	prison	just
machine	shoe	hidden

相互変換可能

マスター秘密鍵

マスター秘密鍵を作るためにルートシードをバックアップする必要があるが、ルートシードのままでは覚えられないのでニーモニックに変換する

○ ルートシードからマスター鍵を作る

ルートシードとニーモニックには相互変換性がありますが、実際にマスター鍵を作るのに必要なのは、0と1の羅列であるルートシードのほうです。

まず、このルートシードをHMAC-SHA2-512という「512ビット出力の鍵つきハッシュ関数」に通します。そうして得られた、512ビット分の0と1の羅列を256ビットずつ左右に分けると、左側が「秘密鍵のマスター」となり、右側が次の鍵を導出するために必要な「チェーンコードのマスター」となります。さらに、秘密鍵のマスターから「公開鍵のマスター」が計算で導かれます。

▶ 512ビット出力の鍵つきハッシュ関数 図表36-4

ルートシードから各マスター鍵とチェーンコードを生成

○ マスター鍵(親)から実際に利用する鍵(子)を導出

次に、実際の取引に用いるための鍵（子）をマスター鍵（親）から導出する方法です。

これを行う関数は「子鍵導出（CKD, Child key derivation）関数」と呼ばれています。親の「秘密鍵」と鍵の順番を表す「インデックス」を連結した値と、次の鍵を導出するための「チェーンコード」の2つの引数を与えると、子の「秘密鍵」、子の「公開鍵」、子の「チェーンコード」を生成できます。そして入力のインデックス値を変えながら繰り返し生成することで「何番目の」という意味を持たせて、連鎖的に鍵を作れます。

▶ 子鍵導出関数 図表36-5

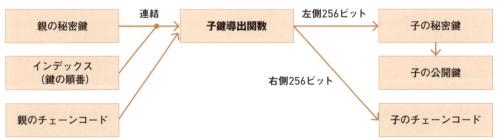

インデックスとチェーンコードを引数に与えると子の秘密鍵、公開鍵、チェーンコードを生成する

○ 階層型決定性ウォレットとは？

階層型決定性ウォレットとは、決定性ウォレットの概念に「階層」の概念を加えてさらに応用領域を拡張したものです。具体的には先ほどの「子鍵導出関数」に「階層」の概念の引数をつけ加えることで「何階層目の」「何番目のインデックス」のウォレットアドレスという表現ができるようにしたものです。

このような階層型のウォレット構造を「Hierarchical Deterministic Wallets」、略して「HDウォレット」（日本語では「階層型決定性ウォレット」）と呼びます。

この、HDウォレットの階層のパスの表現方法については、一定のルールが決められており、そのルール（BIP44）に準拠して生成したウォレットは、ほかのウォレットアプリに対しても互換性があり、相互乗り入れが可能になります。

たとえば、1つのウォレットアプリで、目的の部分のインデックスを規定通りに変更することで、ビットコイン以外の「ライトコイン」や「モナーコイン」など別のコインのウォレットアドレスを作ることもできるようになります。

▶ **階層型決定性ウォレットの表現** 図表36-6

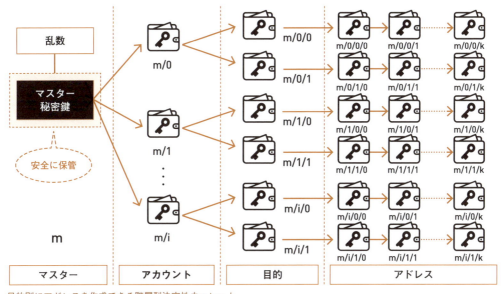

目的別にアドレスを作成できる階層型決定性ウォレット

BIPとは「Bitcoin Improvement Proposals」という、ビットコインの開発者コミュニティにより管理されている技術的な提案を示す番号です。この階層型決定性ウォレットについては「BIP44」で決められています。

Chapter 5 ウォレットの仕組みを理解しよう

135

Lesson 37 ［ウォレットの種類］
ホットウォレットとコールドウォレットの違い

このレッスンのポイント

仮想通貨のウォレットには「ホットウォレット」と「コールドウォレット」という2つの種類の呼び名がありますが、この2つに本質的な違いはありません。しかし、安全にウォレットを運用するためには、両者を分けておくことは非常に大切です。

○ 本質的に違いのない2種類のウォレット

ウォレットは、「ホットウォレット」と「コールドウォレット」の2種類に分類できます。正確にはウォレット（アプリケーション）ではなく、アドレスの分類なので、「ホットウォレットアドレス」「コールドウォレットアドレス」と呼ぶのが正しいのでしょう。しかし、名前が長くなるので、慣例的に「ホットウォレット」「コールドウォレット」という呼び方をしています。

この2つには、本質的な違いはなにもありません。つまり、ウォレットのアドレスを単に見せられただけでは、それがホットウォレットなのかコールドウォレットなのか、区別できないのです。

では、なにが違うのかといえば、利用者が常用するためインターネットに接続された端末で運用されるウォレットのアドレスを「ホットウォレット」と呼び、普段はネットから切り離された環境に置かれた端末で運用されているウォレットのアドレスを「コールドウォレット」と呼ぶという話です。普段から持ち歩く財布をホットウォレットと呼び、家に置いてある耐火金庫をコールドウォレットと呼ぶ。そのようなイメージで理解してください。

▶ ホットウォレットとコールドウォレット　図表37-1

ホットウォレット	コールドウォレット
☑ インターネットにつながっている	☑ インターネットにつながっていない
☑ 入金：いつでも可能	☑ 入金：いつでも可能
☑ 出金：オンラインで署名可能	☑ 出金：金庫を開けてから手動で署名

インターネットにつながっているかどうかが大きな違い

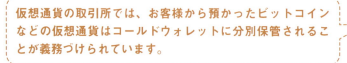

仮想通貨の取引所では、お客様から預かったビットコインなどの仮想通貨はコールドウォレットに分別保管されることが義務づけられています。

○ ホットウォレットはどこにリスクがあるのか？

ホットウォレット（を管理するウォレットアプリ）は「常に使う財布」で、お金の出入りが比較的頻繁となります。

お金の出入りのうち「お金が入ってくるだけ」ならば、実はインターネットへの接続は必要ありません。つまり、ウォレットアドレスさえ相手がわかっていれば、入金を待つためにオンライン状態で待機している必要はないのです。

しかし、そのウォレットアドレスから「お金を出す」（どこかに送金する）場合には、ウォレットアプリを必ず一度はインターネットに接続して、取引データをブロックチェーンのネットワークに放出しなければなりません。

この際、気を配りたいところは「お金を動かすための取引に関する署名手続きをどこでやるか」ということです。みなさんも「オンラインで署名をする必要があるウォレットアプリなのか」「オフラインでも署名が可能となっているウォレットアプリなのか」をぜひ、一度確認してみてください。

▶ ホットウォレットを取り巻く脅威　図表37-2

標準的なツールやアプリを使っていると
- ✔ 脆弱な侵入経路があらかじめ調べつくされている
- ✔ 秘密鍵の置き場が知られている可能性が高い

もし侵入を許せば、真っ先に狙われる

オンラインで使うウォレットアプリは認証が弱点

> オンライン環境でウォレットアプリを使うのであれば、「いずれ攻撃を受けるだろう！」くらいの心構えがちょうどいいです。

NEXT PAGE ➡　137

◯ オンラインで使うウォレットアプリは認証が弱点

スマートフォンやウェブサービスなど、常にインターネットに接続可能な状況で利用することが前提になっているウォレットアプリを使う場合、当然ながら電子署名に使う秘密鍵がオンラインの状態にさらされる瞬間が少なからず存在することになります。

このとき、セキュリティが万全でなかったら、自分の利用している秘密鍵がどこかで流出してしまっている危険性がないとはいい切れないのです。

また、秘密鍵がどんなに厳重かつ堅牢な場所に保管されていたとしても、肝心の秘密鍵を利用するとき、なんらかの認証を経てから鍵をロードする必要がある場合、その認証の安全性が問題となります。

つまり、その認証部分が乗っ取られてしまえば、どんなに強固な方法で鍵を保管していても意味がなくなってしまうということです。

▶ ホットウォレット運用のウィークポイントは認証 　図表37-3

ホットウォレットは秘密鍵がオンライン上に少しでもさらされる危険性があるほか、（認証が必要な場合は）保管場所の堅牢性よりも認証の脆弱性が問題になることがあります。

◯ 取引データに電子署名を施すのはオフラインでも可能

実は、取引指図データ（詳しくは第6章で触れますが、この取引指図データのことを「トランザクション」といいます）に対して電子署名を施すという行為は、そのトランザクションの作成者本人が行うものです。そのためインターネットへの接続は必須ではなく、オフライン状態でも作業が可能です。

つまり、このトランザクションを作成して電子署名を施すところまでは、インターネットの接続が

ない環境でも行うことができ、本来は認証も必要ありません。これを応用して、トランザクションに署名を施すところまでをオフライン環境で行い、その署名済みのトランザクションを、インターネットに接続された環境（パソコンやスマートフォン）に持って行き、ブロックチェーンのネットワークに放出だけを行うような運用方法を「コールドウォレット運用」といいます。

◯ コールドウォレットの運用ならハードウェアウォレットが便利

仮想通貨の取引所などが業務用にインターネットに接続されていないコールドウォレット運用の専用環境を整えることは可能ですが、一般の利用者が同様の環境を持つことは手軽ではありません。そこでお勧めできる方法が、ハードウェアウォレットを用いてのコールドウォレット運用を行うことです。

ハードウェアウォレットとは、取引トランザクションへの署名をハードウェア上で行える仕組みで、大きさはUSBメモリ程度の持ち歩けるものが主流です。

ハードウェアウォレットは、必ずしもオフライン署名のために作られたものではありませんが、必要な秘密鍵がハードウェアのなかに保持されており、これを強引に取り出すには物理的に破壊しなければいけない構造のため、パソコンやスマートフォンをそのまま使うよりはるかに安全性が高いといわれています。

また、計算能力を持つハードウェアウォレットならば、トランザクションの署名をオフラインでできることから、常時コールドウォレット運用のために用いることも可能です。

▶ **ハードウェアウォレットの例** 図表37-4

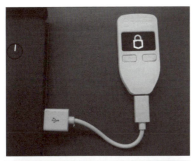

ハードウェアウォレット内で鍵の管理を行い、電子署名まで単体で行えるタイプ

ハードウェアウォレット内では鍵の管理だけを行い電子署名はパソコン側で処理するタイプ

ハードウェアウォレットのなかにも、トランザクションへ署名する際、パソコンやスマートフォン側の計算能力に依存するものがあります。その場合コールドウォレット運用はできないこともあるので、注意してください。

Lesson ［マルチシグネチャアドレス］

38 取引の署名権限を分散する マルチシグネチャアドレス

このレッスンの
ポイント

通常のウォレットアドレスの場合、トランザクションに施す必要のある電子署名は1つだけです。しかし、取引時の署名権限の分散管理を目的として、複数の署名を必要とすることで取引のガバナンスを強化する仕組みを提供するのが**マルチシグネチャアドレス**です。

○ 複数の署名がなければ出金できないアドレス

通常のウォレットアドレスでは、送金などの取引を行う際に必要な署名は1個でした。
これに対し**「送金する際に複数の署名を必要とするアドレス」**というものが存在します。それが「マルチシグネチャアドレス」（Multisignature Address）と呼ばれるものです。
ビットコインの場合、アドレスの先頭が「1」の場合は通常のウォレットアドレス、「3」の場合はマルチシグネチャアドレスと決まっています。1ではじまるウォレットアドレスが別名「P2PKH（Pay to Public Key Hash）アドレス」（公開鍵のハッシュに支払うアドレス）と呼ばれるのに対して、3ではじまるマルチシグネチャアドレスは別名「P2SH（Pay to Script Hash）アドレス」（スクリプトのハッシュに支払うアドレス）と呼ばれています。その名の通り「複数の署名を集めて検証するスクリプト」宛に送金を行うというトランザクションデータを作成する必要があります。

「スクリプトのハッシュに支払う」という表現からわかるように、マルチシグネチャアドレスは、署名収集契約を伴う一種のスマートコントラクト（詳しくは第7章）ともいえます。

○ マルチシグネチャは「m of n」の運用が一般的

マルチシグネチャアドレスの使い方として、まっさきに思いつくのは、会社の稟議や決裁を経る取引でしょう。たとえば「3人の役員の署名をすべて集めなければお金を使えない」といったルールにしておけば、私的な使い込みなどの不正を防ぐことができます。

しかし「全員の署名を集めなければならない」条件にしてしまうと、誰か1人でも出張に行っていたり、鍵を紛失したりしてしまうと、業務に支障が出てしまいます。

そこで便利なのが、一部のサインが集まればいいというルールを設定することができる「m of n マルチシグネチャ」という運用ルールです。たとえば「会社の4人の役員のうち、3人が承認すれば送金可能（3 of 4）」といった形にするのが一般的です。

▶3 of 4 マルチシグネチャ送金 図表38-1

役員4人中3人の署名で取引先に送金可能

○ 鍵の紛失対策にも応用できる

仮想通貨取引所のサービスなどでは、マルチシグネチャのウォレットアドレスを標準的に備えるところが増えてきています。利用する際はあらかじめ「3つの鍵のうち、2つの鍵があれば送金可能（2 of 3）」と設定しておき「自分」と「信用できる知人」（たとえば家族）と「取引所のオペレーター」がそれぞれ鍵を持つという方法もあります。

こうしておけば、日頃は「自分」の一存（自分＋取引所のオペレーター）で自由に送金可能であり、万が一、自分が鍵を紛失したときは特別承認者の家族が署名することで口座を復旧できます。

▶2 of 3 マルチシグネチャの応用 図表38-2

普段の送金時

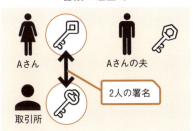

鍵紛失時のリカバリー

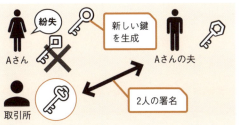

3つのうち2つの鍵があれば送金でき、鍵を紛失したときにリカバリーもできる

Chapter 5　ウォレットの仕組みを理解しよう

⚠ COLUMN

送金ができない読み取り専用のウォレット

「送金できない残高だけを表示するウォレットアプリを作りたい」「家計簿アプリで仮想通貨取引の残高を自動的に取得したい」「もっぱら受取のみで送金する必要がない店頭支払システムを構築したい」といったときに便利な仕組みとして「リードオンリーHDウォレット」があります。この仕組みを説明しましょう。

階層型決定性ウォレット（HDウォレット）で、すべての階層のすべてのインデックスに対応する鍵ペアを決定的に得るには「子鍵導出関数」を用いればいいことは本章で学びました。

この「子鍵導出関数」の引数は「キー」と「チェーンコード」そして「インデックス」の3つです。そしてこのうち「キー」については「親の秘密鍵」か「親の公開鍵」のいずれかを指定できます。

通常、私たちがウォレットアプリで子鍵を導き出すときは「親の秘密鍵」を使います。すると「子の秘密鍵」「子の公開鍵」そして「子のチェーンコード」の3つが得られます（レッスン36の 図表36-5 を参照）。そしてそれぞれ秘密鍵と公開鍵から作られたウォレットアドレスを用いて、トランザクションを作って送金の署名をするまで、フルアクセスできるようになります。

一方で、この「キー」に「親の公開鍵」を指定して与えると「子の公開鍵」と「子のチェーンコード」との2つだけが得られ、子の公開鍵からは「子の秘密鍵」は得られません（図表38-3）。つまり、この方法で作られるウォレットアドレスは公開鍵のみによって構成される「リードオンリーのHDウォレット（読み取り専用の階層型決定性ウォレット）」となります。

公開鍵だけを得られる「リードオンリー」という特性はとても有用です。取引所などにとってはコードウォレット運用をより安全にできたり、ウォレットの振る舞い検知・追跡サービスなどに利用できたりなど、応用の幅が広がります。

このリードオンリーHDウォレットを作るために「公開鍵のマスター」から最初のチェーンコードを付加して導出された鍵のことを「拡張公開鍵」(xpub) と呼びます。

取引所や外部のウォレットサービスでは、このxpubをインポートするように求められることがありますが、これは、秘密鍵を預けるわけではないので基本的には安全です。

しかし、送金記録などは追跡が可能になるものと理解して、そのメリット／デメリットを考えるようにしてください。

▶ 子鍵導出関数でリードオンリーHDウォレットの生成　図表38-3

引数「キー」に親の公開鍵を指定して与えると、「親の公開鍵」「子のチェーンコード」だけが得られる

Chapter 6

ブロックチェーンに取引を記録するトランザクションについて学ぼう

ここからは、ブロックチェーンの中身であるトランザクションとブロックについて見ていきます。少し難しい話になりますが、がんばってついてきてください！

Lesson 39 ［トランザクションとは］
トランザクションの役割と中身

このレッスンの
ポイント

トランザクションとは、取引のことを意味します。代表的な取引といえば、一般には「送金」を指しますが、送金以外にも短いメッセージの記録領域を上手に使えば、新しいコインを定義したり、デジタル文書の存在証明などに応用したりすることもできます。

○ トランザクションとは取引のこと

ブロックチェーンの世界で「トランザクション」という言葉が出てきたら、それは「取引」を意味します。たとえば「送金」の取引を行うトランザクションの場合、あるウォレットアドレスに入っているお金を、別のウォレットアドレスに移動させるという指図が記載されており、そのトランザクションが送り手によって正しく作られたことを証明するために、作成日時のタイムスタンプと電子署名が施されています。

この「取引内容」と「タイムスタンプ」および「電子署名」の構成からなるトランザクションファイルのハッシュ値は、そのものがブロックチェーン全体で唯一性を指し示す「トランザクションID」となります。

▶ 送金を目的とするトランザクションの例　図表39-1

トランザクションとは「取引」のこと。ブロックチェーンの取引では必ず、誰かから誰かへの「送金」を伴う内容が記載されている。お金を入手するごとにウォレットアドレスが生成され、送金時にはウォレットアドレス単位でInputに書き込む。2,000円送金する場合、ウォレットアドレスの残高3,000円丸ごとInput部に置き、そこからOutput部にてB宛の2,000円を指示し、さらに1,000円分を自分宛に送金する指示を出す。帳簿の連続性を保つためにこのような仕組みになっている（レッスン40参照）

● 送金以外を目的とするトランザクションもある

このような取引のトランザクションには、普通、お金を「送る人」と「受ける人」がいるはずですが、トランザクションが扱える取引は「送金」だけではありません。

送金が主目的ではない「取引」を行いたい場合には「わざわざ自分のウォレットからお金を出して、自分のウォレットにほとんどそのまま戻す」という、少し特殊なトランザクションを作ることがあります。それは「特にお金の取引をせずに、なんらかの短いメッセージを記録する」場合や、「ある文書の存在を証明するためにハッシュ値を記録する」といったものです。もちろん、お金の取引を行う際にメッセージを添えるような用途にも使われますが、この記録領域をうまく利用するとブロックチェーンの機能そのものを拡張することができるため、そのような使い方も一般的となっています。

▶ 送金以外を目的とするトランザクションの例 図表39-2

Aさんがある文書の存在証明をしようとした

INPUT	OUTPUT	
Aの電子署名と公開鍵	Aのウォレットアドレス	送金の取引
3,000	3,000	
	OP_RETURN	
	文書のハッシュ値	← Hash((文章))
3,000	3,000	

存在証明したい文章

送金を目的としなくても、必ず送金の取引は行う必要がある。その場合、自分宛に送金する形をとる

> 送金以外の拡張機能を利用する目的で作られるトランザクションであっても「送金」の取引は必ず記載されています。

👍 ワンポイント ビットコインの拡張領域を利用した派生コイン

たとえば、ビットコインの場合80バイト程度の短いメッセージをトランザクションに添付できる領域があり、この領域をうまく使うと、ビットコインの機能を拡張できます。

これを応用した例が「カラードコイン」と呼ばれる派生コインです。このほかにも、この領域にあるファイルのハッシュ値を入力して、同値のファイルをP2P分散ストレージ（第4章参照）に配置することで、そのファイルの存在証明に利用することができます。

Lesson **[帳簿の連続性]**

40 ウォレットアドレスの未使用残高「UTXO」

このレッスンの
ポイント

ウォレットアドレスに記録されている未使用残高を <u>UTXO</u> といいます。トランザクションを新規作成する場合、このUTXOを予算とし、送る側の入力と、受ける側の出力とが等しくなるように記録することで、過去から現在までのすべての帳簿の連続性を保証しています。

○ 未使用残高(UTXO)について

第5章で学んだ通り、一般的なウォレットアプリは、たくさんのウォレットアドレスを管理しています。そして、1回取引するたびに、まるで使い捨て感覚でアドレスを生成していきます。そのため、長く取引を続けている人は、ものすごい量のウォレットアドレスを保有していることでしょう。

しかし、ウォレットアドレスが大量になっても、ウォレットアプリが勝手に管理してくれるので、ほとんどの利用者は「どのウォレットアドレスにいくら残高がある」という細かい情報を把握する必要はありません。

<u>ウォレットアプリが表示する残高の正体は、ウォレットアプリが管理するたくさんのウォレットアドレスに含まれる未使用残高をすべて合計したもので、この未使用残高をUTXO (Unspent Transaction Output) と呼びます。</u>

○ ブロックチェーンが「台帳技術」といわれるゆえん

ブロックチェーンはしばしば「分散型台帳技術」とも呼ばれますが「いったいどこが台帳なんだ？」と疑問に感じていた人も多いかもしれません。しかし、このUTXOの存在を知ると、これこそがブロックチェーンに記録されている情報の核心部分だと気づくはずです。

たとえば、自分のウォレットアプリが管理しているウォレットアドレスのUTXO（未使用残高）の合計は、すなわち「自分が使えるお金の上限」を表していますが、これをひとことでいうと <u>「送る側の予算」</u> となります。

これは送金のためにトランザクションを作る際に利用されるもので、たとえば、「誰かに2,000円を送りたいとするなら、自分の懐に2,000円以上の予算がないと、送ることができない」という当たり前の話です。

◯ UTXOによる送金の指図

図表40-1 を見るとわかるように、ある金額を相手に送りたいときは、自分の手持ちのUTXOのうち、送金するのに十分な残高のあるUTXO（ここでは、2,000円を満たす3,000円のUTXO）の入力側（Input）に置きます。そして、相手のウォレットアドレス宛に送金したい分の金額（2,000円）を出力側（Output）に置き、同時に、余った分は自分のウォレットアドレス宛に送るよう出力側に配置します。

このときのトランザクションの中身は「送る側のInput」と「受ける側のOutput」との合計が常に等しくなっていなければならず、これは複式簿記の台帳（仕訳帳）で、「貸方」と「借方」に同じ額が記入されるのと本質的には同じものです。

▶ UTXOの概念図 図表40-1

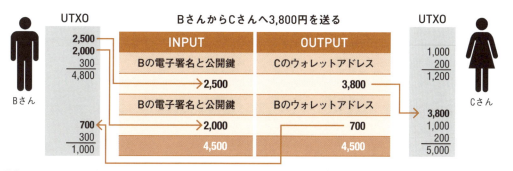

送金するときは、送金額を満たすUTXOから送金する。足りない場合は、複数のUTXOをInputに配置する。InputとOutputの合計は常に同じ額となる

UTXOの記録こそが、ブロックチェーンに刻まれているデータの核となる部分ですね。

◯ UTXOモデルは三式簿記モデルを採用

一般の複式簿記では、貸方と借方のバランスが保たれていればよしとされています。しかしブロックチェーンのUTXOを使った簿記では、さらにもうひとつ予算の概念を含む簿記となっています。つまり、トランザクションは必ず「予算」「入力」「出力」の3つのバランスが、常に保たれていなければならないという制約が課されていて、たとえば原資のない取引はできないようになっているのです。

▶ 予算、入力、出力のバランス 図表40-2

| 予算 | ≧ | 入力 | = | 出力 |

「予算」「入力」「出力」のバランスがこの式のように保たれている必要がある

◯ ビットコインのトランザクションの入出力は非対称？

ブロックチェーンのトランザクションは「予算」≧「入力」＝「出力」という関係になっていなければならないと述べてきましたが例外もあります。実は、ビットコインのトランザクションの中身を覗いてみると「予算」≧「入力」≧「出力」となっていて、必ずしも送る側からの入力と、受ける側への出力が一致しておらず、おおむね、入力のほうが出力より大きくなっているのです。
その差額はどこに消えているのでしょうか。実は、それがProof of Workを行っているマイナーに支払う報酬になります。

そして、この手数料の金額は、トランザクションを作る人（送金する人）が自由に決めていいことになっています。そのため、たまに「おつりを自分宛に戻す金額を間違って手数料を払い過ぎた」と、慌てている人に出くわすことがあります。
しかし、時すでに遅し、銀行など従来の金融機関であれば、こういったケースでは「組み戻し」という救済措置が用意されています。しかし、残念ながらブロックチェーンの世界では、これは自己責任の範ちゅうで、これをフォローしてくれる人は、泣こうが喚こうが誰もいません。

▶ ビットコインのトランザクションは入力と出力が非対称 図表40-3

Aさん

AさんからBさんへ2,000satoshiを送る

INPUT	OUTPUT
Aの電子署名と公開鍵	Bのウォレットアドレス
3,000	2,000
	Aのウォレットアドレス
	900
3,000	2,900

3,000 − 2,900 = **100 satoshi**

Bさん

差額はマイナー宛の手数料に

マイナーへの手数料が引かれているため非対称になる

マイナー報酬(手数料)の考え方

自由にマイナーに充てる手数料を設定できるなら「手数料は安ければ安いほうがいいじゃないか」あるいは「0でもいいのではないか？」と考える人がいるかもしれません。しかし、あまりにも手数料が安いと、トランザクションをブロックチェーンに取り込んでもらえないかもしれないのです。
「どのトランザクションを取り込むか」は、マイナーが自由に決めていいことになっています。つまり、マイナーは手数料という見返りをあてにしてブロックチェーンの維持に携わっている側面があります。そのため特にトランザクションプール（次のレッスン41を参照）が混雑しているようなときには、経済的合理性を考えると、手数料の高いものを優先的に取り込むのが当たり前ということになります。あまりにも手数料が安すぎるトランザクションは、結果としていつまでたっても取引が承認されないというリスクがあるのです。

現に、2017年6月頃には、ビットコイン慢性的なトランザクション超過によって、1つのトランザクションを送るだけなのに、手数料の相場が一時は数百円相当くらいまで高騰しました。7月に入ってだいぶ落ち着いてきて、十円未満くらいまで下がっています。

UTXOをさかのぼると最初はどうなっている？

トランザクションの入力にUTXOが置かれるということは、その入力に置かれるUTXOは過去のトランザクションの出力にあるはずです。ということは、これをどこまでもさかのぼっていったら、最初の最初はどうなっているのでしょう？

ビットコインを例にとってみると、マイナーがマイニングに成功したときに記録する「入力のない出力だけが込められたトランザクション」があります。それは、ブロックができるごとに、1つだけ、そのブロックの最初に記されています。

このトランザクションは、ほかのトランザクションとは区別され「コインベーストランザクション」と呼ばれています。このコインベーストランザクションが、ビットコインの発行を担っています。

ビットコインでは、このコインベーストランザクションに新規発行されたビットコインは、100ブロック以上の承認が確認されないと使用できないルールになっています。

👍 ワンポイント　最初の最初のブロックにはなにが入っているのか？

「最初の最初のブロックにはなにが入っているのか？」という疑問が湧くでしょう。それは第2章の冒頭で取り上げた「ジェネシスブロック」までたどりつきます。ビットコインの場合には、ジェネシスブロックには50ビットコインが出力に込められたトランザクション1つだけが入ってます。

Lesson [合意の仕組み]

41 トランザクションを合意する仕組み

このレッスンのポイント

トランザクションは、P2Pネットワークを通じて、世界中から投かんされ、コピーされながらバケツリレーの要領で全世界に伝播されます。伝播したトランザクションは一時的にプールに蓄積され、ブロックチェーンに取り込まれると「合意が承認された」とみなされます。

○ トランザクションは世界中から投かんされる

トランザクションは分散されたP2Pネットワークのノードを通じて世界中から投かんされます。ブロックチェーンのネットワークでは、Webサービスとは違って特定のサーバーに負荷が集中することはありません。利用者の最寄りのノードに投かんされたトランザクションは、内容の検査を受けながら、問題がなければ、コピーされて次から次へとバケツリレーの要領で近隣のノードに配信され、やがて、世界中に伝播していきます。

▶トランザクションの伝播するイメージ　図表41-1

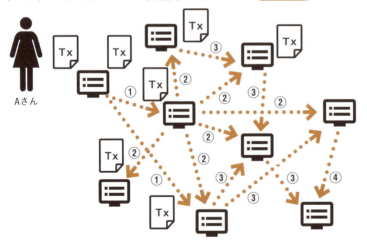

取引を行うと、トランザクション（Tx）が最寄りのノードに投かんされ、近隣のノードに伝播していく

トランザクションは、バケツリレーの要領でコピーされながら全世界に伝播していきます。

◯ トランザクションが合意されるまで

バケツリレーによって世界中に分散配信されたトランザクションは、いったん「トランザクションプール」または「メモリプール」と呼ばれる領域に放り込まれて、ブロックチェーンに記録されるまでの間しばらく待機状態となります。

この「トランザクションがトランザクションプールに到着した。だけど、まだブロックチェーンはそのトランザクションを記録していない」という宙ぶらりんの状態にあるトランザクションを「未承認のトランザクション」と呼びます。

つまり、ブロックチェーンでトランザクションが取り込まれると「承認トランザクション」となり、取り込まれるまでの間は「未承認」というわけです。こうして「承認」された状態、つまりブロックチェーンに記録が完了した時点ではじめて「トランザクションが合意された」とみなされるわけです。

▶ トランザクションが取り込まれる前は未承認状態 図表41-2

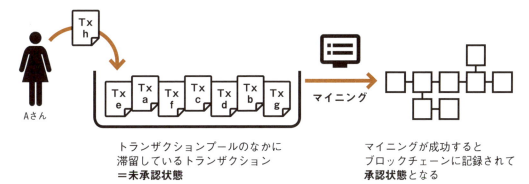

トランザクションプールのなかに
滞留しているトランザクション
＝未承認状態

マイニングが成功すると
ブロックチェーンに記録されて
承認状態となる

すべてのトランザクションは、まず「トランザクションプール」に保管され、マイナーによって承認されるとブロックチェーンに記録される

◯ 合意までのタイムラグによる問題

トランザクションが作成され、作成者の手を離れ、P2Pのネットワークを伝播して、トランザクションプールに一時留保され、ブロックチェーンに取り込まれるまでには、少なからぬタイムラグがある点はここまでに学んだ通りです。実はこのタイムラグの存在が、ブロックチェーンを使ううえで、さまざまな議論の余地を残します。

トランザクションが合意されるまでのタイムラグによって起こる問題は、次のレッスン42で詳しく述べます。

151

Lesson 42 ［合意の逆転］ ブロックチェーンのファイナリティ問題

このレッスンのポイント

ブロックチェーンは、しばしば分岐してしまうことがあります。分岐とはすなわち合意がどっちつかずの宙ぶらりんになってしまうことです。時が経てばどちらの分岐が長くなるかで決着しますが、ここでは、それまでの間どういう対処をすればいいのかを考えます。

○ 合意がひっくり返ることも

「ブロックチェーンに記録されたこと＝合意とみなせる」ということは、前のレッスン41でお話しした通りですが、実はその合意がひっくり返ることもしばしばあります。これが、すなわち「ブロックチェーンが分岐した状態」です。

ブロックチェーンが分岐することについては、第4章でも述べたように、同じようなタイミングでマイニングが完了したときなどに起こることがあるわけです。そしてこうなってしまったときには、その積み上げ競争に決着がつくまでもうしばらく待つ必要があります。

たとえば、分散合意アルゴリズムにProof of Workが採用されている場合、それに必要な計算量を考えれば、分岐したどちらかのブロックが1つでも先行した形になれば、それはもはや逆転は困難となります。念には念を入れて「天文学的な確率でもはやひっくり返されることはない」と確信できるようになるまでには、ビットコインの場合だと約6ブロック分（1ブロックの形成が約10分ですので、約1時間分）ほど進まないとならないといわれています。

それゆえに「ブロックチェーンはファイナリティ（決済があとから取り消されないこと）がないから、使い物にならない」という点が議論のやり玉にあがることがよくあります。

ブロックチェーンのファイナリティ問題は、よく金融関係者から指摘される点ですね。

○ 合意が翻っても個々のトランザクションへの影響は少ない

同時にマイニングが終了することで分岐してしまったような場合、あるトランザクションに注目すると、「取り込まれた順番は異なるかもしれないが、分岐したいずれのブロックにも含まれている」状態になっていることが多いでしょう。

この場合、それら両方のブロックに含まれているほとんどのトランザクションに関する当事者としては、すでにブロックに取り込まれているのだから、いずれの分岐が育っていったとしても、結果としてあまり問題ないものと考えられます。

しかし、これらのブロックを掘り当てたマイナー当事者だけは事情が異なります。それは、コインベーストランザクションで新規発行したお金（たとえば、ビットコイン）が自分のほうが有効になるか、他方が有効になるかによって、得られるものに相当の違いが出るからです。

▶ 分岐しても両方のブロックに取り込まれている状態 図表42-1

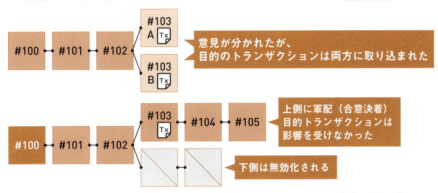

分岐したブロックの両方にトランザクションが記録されても、トランザクション自体は影響を受けない

○ プライベートブロックチェーンなら分岐しない実装もある

ここまでの話は、主に不特定多数が参加するパブリックブロックチェーンで用いられる分散合意アルゴリズムにおいての話でした。

一方で、参加者の数があらかじめわかっているプライベートまたはコンソーシアム型の環境下で動作する分散合意アルゴリズムが採用されているときはどうでしょうか？　この場合は経済インセンティブ型ではない多数決型の合意が採られることが多いのが特徴です。このタイプの実装ではむしろ、ブロックチェーンを分岐させずに、1ブロックごと、確実に合意を形成していくように注意を払って設計されているものが多くあります。

この場合は、文字通り「ブロックチェーンに取り込まれていること＝合意が採れたこと」と同義となります。なお、この場合でもブロックチェーン特有の改ざん困難性は健在です。プライベートブロックチェーンの合意形成は、パブリックブロックチェーンの合意形成と比べて分岐を起こさないだけではなく、より早く合意が決着することがメリットです。

Lesson [トランザクションの順序]

43 トランザクションの順序性を担保する仕組み

**このレッスンの
ポイント**

ブロックチェーンでは、先に送信されたトランザクションが必ずしも先に処理されるとは限りません。これは分散システムの宿命ですが、よく考えると、「必ず先着順できっちり仕事してもらわないと困る！」というケースは、実はそんなに多くないことがわかります。

○ 先着順に公平に処理できない理由

ブロックチェーンでは、先に送信されたトランザクションだからといって、必ずしも先にブロックチェーンに記録されるとは限りません。
なぜそんな不公平なことが起こるのでしょうか。理由はいくつかあります。
ブロックチェーンでは原則として、「最初にトランザクションを送りつける相手（ノード）はどこでもいい」ことになっています。当然、ノードによって性能差もあれば、そのノードがつながっているネットワークの通信速度もまちまちです。さらに、バケツリレー方式なので発信元が地理的に遠いならば、最初に受け取ったノードと地球の裏側にあるノードでは、受信した時間にタイムラグがあるのは当然です。

分散ネットワーク上で、順序性を担保することは大変に難しい課題です。しかし、生活上「絶対に順序性が保たれてないと困る」という問題が多くはないのも事実です。

◯ 記録順は「誰がマイニングに成功したか」に左右される

ブロックチェーンでは、たくさんのノードのなかの「誰か」がトランザクションを記録します。そして、「誰（どのノード）がトランザクションを記録するのかわからない」という現実があります。
たとえばビットコインの場合なら、マイニングに成功した人がトランザクションを記録する（ブロックを生成する）ことになっていますが、次に誰がマイニングに成功する人が誰かは誰にもわかりません。「次にビットコインのマイニングに成功する人」は、あなたのすぐ隣のノードかもしれないし、地球の裏側のノードかもしれないということです。
さらに、誰かがマイニングに成功したとき、「どのトランザクションを取り込むか」はそのマイナーが勝手に決めることができるということも、これまでに学んだ通りです。
極端な話、「このトランザクションは手数料が安いから今回は後回しにしよう」ということも、マイナーの胸三寸で決めてしまえるのです。

◯ 先着順に処理されないと何が困るのか？

申し込みや手続きが先着順に処理されないと困るケースは、どういうときでしょうか？
私たちは日常の生活のなかで、あらゆることが先着順に処理されることが当たり前になっています。でも、よく考えると、「必ず先着順できっちり仕事してもらわないと困る！」というケースは、実はそんなに多くないことがわかります。
たとえばお金の振り込みや、荷物の宅配などは、「指定の日に処理されればそれでいい」ものです。「自分は隣の人より先に手続きしたのだから、自分の処理を先にやってもらわないと不公平だ！」とはなりません。
そのような場面では、ブロックチェーンの「必ずしも先着順に処理されない」という一見デメリットのようなポイントは、それほど大きな問題になりません。

◯ 先着順に処理すべき場面とは

必ず先着順でデータを処理しなければ困ってしまうことのあるユースケースといえば、株式などの証券取引や、イベントのチケット販売などが挙げられます。そういうところには従来からのブロックチェーンは向かない、という結論になりがちです。
しかし、そのような場面でも「先着順を管理する」ためのサブシステムを別に用意してブロックチェーンと連携させながら稼働させれば利用可能になります。
具体的な実装としては、Hyperledger Fabricというブロックチェーンシステムがあります。この場合「Kafka」と呼ばれるメッセージブローキングサービスと連携させることで、トランザクションの順序性を担保しています。

分散ネットワーク環境で順序性を担保するテクニック

分散ネットワーク環境下で順序性を担保することがいかに難しいかは、想像に難くないと思います。しかし、先に挙げたように現実の業務要件としては、処理の順序性が重要となるミッションクリティカル性の高い業務もするため、そのような用途でブロックチェーンの利点を活かしたい場合には、どうにかして順序性を担保できる仕組みを考えなければなりません。

そこで、先ほど紹介したHyperledger Fabricが採用した解決方法が、順序性の保証を可能とする機能を有するメッセージブローキングサービスとブロックチェーンを連携させる方法です。

このようなメッセージブローキングサービスは、順序性を保証するために、パーティションと呼ばれる処理順管理領域に書き込みを行うノードを1つに集約することで、そのノードに順序性を保証させる方式をとっています。

ただ、そうすると単一障害点ができてしまうではないかと指摘されそうですね。しかし、そこには当然対策が施されており、たとえば、Kafkaならば、ネットワークアンサンブルという相互監視機構を構成することによって、単一障害点を防いでいます。当該ノードが停止するなどの事故が起きた際にも、代替ノードを即座に選出し処理を継続させる機能を有しています。

▶ メッセージングブローキングサービスを用いて順序性を担保する方法　図表43-1

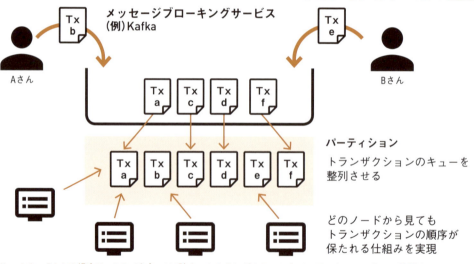

Hyperledger Fabricの場合は、Kafkaがプールに貯まったトランザクションをパーティションのなかで整列させる

ブロックチェーンに書き込む前に、順序よく交通整理を行うイメージですね。

○ タイムスタンプを活用して先着性を証明

もう1つの考え方を紹介します。順序性を必ず担保しなければならない業務であっても、必ずしも完全リアルタイムに結果を返す必要はありません。たとえば「あとから結果を知らせればいい」という妥協ができる業務であれば、ブロックチェーンに記録された順番による順序性保証の概念を捨てて、トランザクションレベルに施されたタイムスタンプの順序性を遅延評価します。そうすることで、従来のデータベースを使うよりも透明性の高い公平な結果として、先着順で処理されたことを保証し証明することができます。

> ブロックチェーンの合意形成は、時間が経つとともに徐々に強固なものになる特性があることから、むやみに即時の決定性を求めるよりも、結果整合性が得られれば十分と考えるのは適材適所で賢明な判断です。

○ 時刻認証局の活用

このケースで利用されるタイムスタンプは、それぞれのコンピューターが独自で管理しているような「狂っているかもしれない時計」ではありません。「時刻認証局」（TSA：Time Stamp Authority）と呼ばれる、世界標準時（UTC：Universal Time Code）に対して時計の狂いがms（ミリセカンド：1秒の1000分の1）の単位でどの程度かを証明できる仕組みを持ったタイムスタンプです。ほかのTSAからも常時監視されているような体制をとる組織が発行した「正確なタイムスタンプトークン」をトランザクションのなかに埋め込み、電子署名を施すことで、そのトランザクションの存在時刻を証明するのです。たとえば、イベントのチケット予約販売を先着順で当選させたいような用途だったり、発明文書の先願性だったりを証明するために、トランザクションの受付だけを先に行っておいて、その当選結果をあとから時間をかけて検査し発表できるようなケースで特に有効な手段となります。

> ブロックチェーンと時刻認証局（TSA）併用する方法を用いれば「電子帳簿保存法」で規定されている国税関係帳簿書類の電磁的記録などによる保存要件を満たすこともできそうですね。

Lesson [ブロックの構造]

44 ブロックチェーンの耐改ざん性を担保する仕組み

このレッスンのポイント

ブロックチェーンというからには「ブロックの構造」と「チェーンの構造」がありそうなことは想像がつくと思います。ここでは、実際にはどのような形になっているのかを図解し、それがどうして耐改ざん性の担保につながるのかを解説します。

○ トランザクションの構造

ブロックの構造を語る前に、ブロックのなかに格納されるトランザクションの中身がどうなっているのかを知っておく必要があります。
トランザクションは、ここまでにお話しした通り、UTXOモデルを基本とした入力（Input）と出力（Output）からなる形式によって取引内容を記載したデータです。下記にビットコインの場合を例にとり、トランザクションの構造の概略を図示します。

▶トランザクションの構造の概略図　図表44-1

- ▶バージョン情報
- ▶入力(Input)部
  - ・入力の数
  - ・UTXOの含まれるトランザクションID（ハッシュ値）
  - ・UTXOのインデックス（何番目の出力を使うか？）
  - ・送信者の電子署名と公開鍵
- ▶出力(Output)部
  - ・出力の数
  - ・送金する金額
  - ・送金先のウォレットアドレス
  - ・お釣りの金額
  - ・お釣りの返却先のウォレットアドレス

トランザクションファイルハッシュ値＝トランザクションID

レッスン39や40で送金などのイメージに用いた図表は、実際にはこのような構造になっている

○ ブロックはたくさんトランザクションをまとめたもの

ビットコインの場合、1つ1つの生トランザクションは数百バイト程度の大きさになりますが、これらはすべてブロックのなかに取り込まれ、永久に保管されることになります。

しかし、もはや数億個にものぼる数のトランザクションを、頭から検索して回るのは効率が非常に悪いことは想像に難くありません。そのため、生トランザクションのハッシュ値から導き出されたトランザクションIDをインデックスとして採用し、別途KVS（Key-Value Storage）といわれる類の、1インデックスにつき1ドキュメントだけをひもづけることで高速に取り出せるように工夫されたデータストレージに格納します。これにより、素早いアクセスができるようになっています。

○ 検索効率のいいツリー構造を作る

次に、2つごとのトランザクションIDを一対にして、これらを連結した値をSHA2-256のハッシュに掛けます。また次の2つを一対にして、ハッシュをとり、また2つを一対にして、ハッシュ値をとり……と、延々と続けていきます。まるでトーナメント戦を行うかのように、2つごとのハッシュ値を一対にして、ハッシュ値をとり続け、繰り返していくと、全体がツリー構造を持つ形になります。

このようなデータ構造は「二分木構造」または「マークルツリー構造」と呼ばれており、その根元にあたる部分を「マークルルート」といいます。このマークルルートをハッシュ関数に掛けて得られた値は、このツリーに含まれるすべてのトランザクションに依存性のあるハッシュ値としてブロックのヘッダーに永久記録されることになります。

このような構造は、トランザクションの内容の改ざんを困難にするだけでなく、任意のトランザクションを検索したいときにも役に立ちます。単純にリストを重ねていく構造に比べると、データが肥大化しても検索速度がほとんど落ちないという利点を持ちます。

▶ マークルツリー構造　図表44-2

Tn … トランザクション
H … SHA2-256 ハッシュ

```
H(H(H(T1+Tx2)+H(T3+T4))+H(H(T5+Tx6)+H(T7+T8)))   マークル・ルート
   ┌──────────────┴──────────────┐
H(H(T1+Tx2)+H(T3+T4))          H(H(T5+Tx6)+H(T7+T8))
   ┌──────┴──────┐              ┌──────┴──────┐
H(T1+T2)    H(T3+T4)        H(T5+T6)    H(T7+T8)
  ┌─┴─┐      ┌─┴─┐           ┌─┴─┐       ┌─┴─┐
H(T1) H(T2) H(T3) H(T4)   H(T5) H(T6)  H(T7) H(T8)
  │     │     │     │       │     │      │     │
  T1    T2    T3    T4      T5    T6     T7    T8
```

下から2つごとのトランザクション（T1とT2、T3とT4など）それぞれをハッシュ関数に掛けていくと、一番上の根元の値は、このブロックに含まれるすべてのトランザクションに依存性を持つ

○ ブロックの構造

ブロックに含まれる情報を見ていきましょう。ブロックは大きく「ブロックヘッダー部」と「トランザクション部」に分かれます。

まず、ブロックヘッダー部には「ブロックのバージョン情報」「直前のブロックヘッダーのハッシュ値」「このブロックに含まれるトランザクションのマークルルート（幹）のハッシュ値」「ブロックが生成されたときのタイムスタンプ」「ブロックを採掘したときの難易度」「ブロックをマイニングしたときに与えられたノンス」が含まれています。

次に、トランザクション部には「このブロックに含まれているトランザクションの数」と「署名済みのトランザクションデータ」がこのブロックに含まれているトランザクションの数だけ入っています。

▶ ブロック構造の概略図　図表44-3

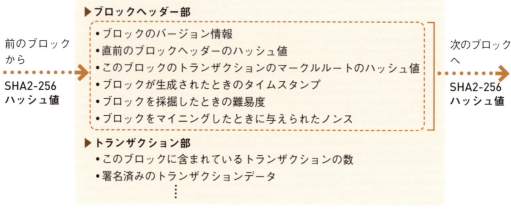

ブロックはこのような構造で各情報を保持している

○ ブロックチェーンに物理的なチェーンは存在しない

前掲の 図表44-3 を見ればわかるように、ブロックとブロックとを接続しているチェーンのようなイメージの部分に実は、物理的なチェーンが存在するわけではありません。ブロックヘッダー部に参照すべきハッシュ値が記載されているだけの、論理的なチェーンとなっています。

同じように、トランザクションのマークルルートを示すハッシュ値もまた、トランザクションは実際にツリー状に格納されているわけではありません。論理的にツリー状になっていることを想定し、そのルート（一番根元）にあたるハッシュ値だけをヘッダー部分に保持しています。

これだけしか書かれていないのは、物理的にツリー状のデータ構造を保有しなくても、トランザクションさえ順に格納されていれば、このマークルルートのハッシュ値に至るまでの途上で分岐する点のハッシュ値は計算によって導き出せるからです。

● ハッシュの複雑な連鎖が改ざんを困難に

ここまでに学んできた通り、ブロックチェーンに格納されるデータは、ことあるごとにハッシュ値が用いられています。そのため、途中データの改ざんはもちろんのこと、正当なトランザクションであっても、それを格納する順番が1つでも狂うとそのブロック以降に含まれるハッシュ値がすべて不整合を起こすことになります。

したがって、ブロックチェーンに不正処理を含むトランザクションを故意に取り込ませようとしても、一方向ハッシュの連鎖の整合性を保ったままでこれを行うことは、天文学的計算量をもってしても不可能なわけです。

> ブロックチェーンの改ざん不可能性は、すべてのトランザクションならびにブロックに依存性を持たせたハッシュの連鎖構造を作ることで実現されています。

👍ワンポイント 本当にブロックチェーンにブロックは必要なのか？

ブロックチェーンのデータ構造は理論的なものであることが理解できると、「ブロックチェーンには必ずしもブロックが必要ではないのではないか？」という考えにおよぶと思います。

なぜ、ブロックチェーンにブロックが必要なのか？ おそらくそれは、ブロックチェーンの生い立ちに関係があります。最初に考案されたパブリックチェーンの合意の単位、つまりコイン発行の単位を区切るためにブロックの概念が必要であったりとか、分散ネットワーク上でデータを共有する際にパケットの単位に区切ったほうがわかりやすかったりなどの理由によるところがあります。

しかし、本質的には、一方向を参照するハッシュ値の連鎖構造を持ち、その参照がループしない（有向非巡回性の）ハッシュチェーン構造さえ維持されているならば、その耐改ざん性は担保できます。

理論的により高度に分散され、より拡張性の高い分散型台帳技術を考える場合、ブロック構造を持つことがその足かせとなることは明白です。ブロック構造を持たない分散台帳のほうが効率よく処理できる可能性が高く、今後はそのような実装が隆盛してくるものと想像ができます。

現に、ビットコインが抱えている拡張性問題はブロック構造を持ったことによる足かせが具現化している一例ともいえます。そのため、本書を執筆している時点ですでに「ブロックチェーンとは、古い型の分散型台帳の実現方法の1つ」なのだと、筆者は思わずにいられないのです。

Chapter 6 ブロックチェーンに取引を記録するトランザクションについて学ぼう

161

Lesson 45 ［暗号通貨］
コピーされても大丈夫なデジタルマネー「暗号通貨」

このレッスンのポイント

デジタルのお金はコピーされることを防ぐことはできません。それならば自由にコピーさせて、その代わりに<u>お金を使う権利を制御</u>できるような仕組みを作り、その使用履歴を、分散環境にある世界で唯一の台帳で管理できるようにする。これが、ブロックチェーンです。

○ デジタルのお金のコピーをどうやって防止するか

すべての情報を0と1だけで表現されたデジタルデータは、まったく劣化のない完全なコピーをいくらでも作ることができます。これはITの発達によってもたらされた大きなメリットです。

ところが、金融などの分野にITを利用しようとすると、このメリットが逆にアダとなります。つまり、お金を単純にデジタルデータで表現すると、「お金をコピーすればいくらでも増やせてしまう」という状態になってしまうからです。

インターネットの黎明期にはすでに、「暗号技術を駆使すればメールを使って通貨を流通できるのではないか」というアイデアが考えられていました。当時、このようなアイデアについて日本銀行でも研究や実験が行われましたが、結局「お金がコピーできてしまう」という問題の解決が困難で結局実用化には至りませんでした。

しかし、ブロックチェーンは「コピーを防止する」という発想を最初から捨てて「いくらコピーされても平気」、その代わりに、暗号技術を駆使して「権利の使用権をコントロールする」という方針をとることで、この問題を解決したのです。

お金のコピーを防ぐというアプローチを捨て、「お金のコピーは自由にできるが、それを利用できる権利をコントロールできるようにした」という点が、まさに、コロンブスのたまご的な発想ですね。

○「次にお金を使える人」を暗号技術を駆使して限定

ブロックチェーンの設計上、トランザクションはノードをバケツリレーで伝播するたびにコピーされ、世界中に伝播しているわけです。それなのにどうしてお金の流通を表現できるのか、まだピンと来ていない人もいるかもしれません。

日本では、ブロックチェーン上で流通するデジタル通貨のことを「仮想通貨」と呼ぶことが多いですね。一方、海外では「暗号通貨」(クリプトカレンシー)と呼ばれるのが一般的なようです。

どうやら、この呼び名にも「コピーされまくっても大丈夫」なヒントが隠されているように思います。デジタルデータであるトランザクションはたくさんコピーされても、そこに書かれたUTXO、つまり、お金の残高を利用して、次のトランザクションを作る(送金や支払いを行う)ためには、公開鍵暗号の公開鍵(ウォレットアドレス)に対応する秘密鍵を持つ人しか使えない(正当な電子署名ができないと利用できない)ような仕組みを採用しました。

ポイントは、送り手が次の利用者を指名している点です。これは、送り手が意識的にやっているというよりも、送金先のウォレットアドレスを指定する行為そのものが、次の利用者を指名している行為につながっているという点です。

▶ トランザクションはコピーされても大丈夫　図表45-1

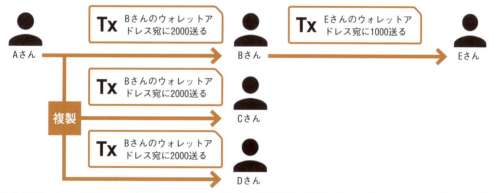

Bさんのウォレットアドレスに対応する公開鍵について、電子署名を施せるのはBさんだけ。したがって、Cさん、Dさんは当該トランザクションを複製して持っていても何もできない

○ 世界中で唯一の利用台帳を分散環境で管理する

ブロックチェーンでは、早々に「デジタルのお金のコピー防止」という課題を捨てて、世界中でやりとりされるトランザクションを、分散的に一元管理された台帳を実現しました。

「分散的に一元管理された台帳」とはこれまた、相反するような話ですね。しかしここまで読まれた人であれば、改ざん不能な構造を持つブロックチェーンのなかにトランザクションが取り込まれ、分散ネットワークに参加するノードを全員で共有している状態だといえば、もはやイメージできるでしょう。

Lesson 46 ［ダブルスペント］二重送金（ダブルスペント）問題とその対策

このレッスンの
ポイント

> ブロックチェーンを利用する際の課題の1つに、二重送金（ダブルスペント）問題があります。これはブロックチェーンにトランザクションが取り込まれることでやがて解決しますが、店頭支払いなど、その場で直ちに判断が必要な場面ではしばしば問題となります。

○ ブロックチェーンシステムの潜在的な問題

レッスン44でも明らかにしたように、ブロックチェーンのなかに記録され、一度合意が採れたトランザクションを、あとから変更することは事実上不可能です。そしてその状態になるまでには相当の時間を要するといった点が、ブロックチェーンシステムの大きな課題であるということは間違いないでしょう。

一般的なデータベースシステムであれば、情報は書き込まれた時点で即時決定的となりますが、ブロックチェーンでは、ブロックを重ねるごとに確率論的に変更不能性が強固となっていく特性を持っています。

それだけを聞くと、ブロックチェーンは一般的なデータベースと比較して劣っているように聞こえてしまうかもしれません。しかしブロックチェーンに記録されたデータは「記録した当人でさえ、誰にも変更ができない」という点が重要です。つまり、そのような不可変であるべき情報を保つために特化されており、アクセス権さえあればいつでも修正できる一般的なデータベースとは根本的に違う設計思想を持っているのです。

> ブロックチェーンはデータベースとよく比較されますが、ブロックチェーンは「記録されたデータが誰にも改ざんできない」「改ざんされてはいけない」性質を持つ情報保管のために利用するべきです。その要件が必要なければ、特にブロックチェーンにこだわる必要はないのです。

◯ ビジネスの現場ではどう運用するか？

これまでに学んだ通り、ブロックチェーンに一度取り込まれたデータは、誰にも変更が不可能となってしまいます。したがって、不正を試みようとする場合は「トランザクションがブロックチェーンに取り込まれる前のタイミングでなんらかの工作をしよう」という発想になります。

よくあるのは、「ブロックチェーンに取り込まれる前のタイミングで、トランザクションをコピーして再利用すれば、ウォレットの中身を減らさないまま、支払いができる」というアイデアを応用した不正です。

もちろん、ビジネスの現場で「ブロックチェーンがトランザクションを取り込む（コンファメーション）を十分待ってから支払いを承認する」といった運用をすれば、このような不正が起こる余地はありません。

しかし、日常の小売店などの支払い業務では「改ざんが事実上不可能になるのを確認するまで、待ってから支払い手続きしましょう」などといっていると、まったく実用的ではありませんね。

そこで、実際のビジネスの現場では、トランザクションが送信された時点で（まだトランザクションプールに入っている状態であり、まだブロックチェーンに記録されていないことを承知のうえで）見切り発車で現場の承認手続きをしてしまう運用がしばしばとられることがあります。これを「ゼロ・コンファメーション」(0-comfirmation)と呼びます。

▶ 店頭では「ゼロ・コンファメーション」で支払いを承認せざるを得ない 図表46-1

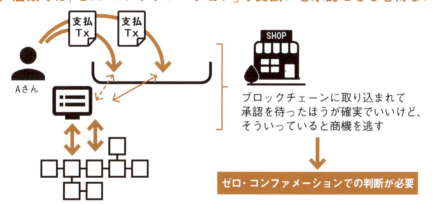

たとえばAさんが最初に投かんしたトランザクションが承認されないために、手数料を上げて再度投かんする場合など、複数の同じUTXOを使ったトランザクション（ここでは「支払Tx」）がトランザクションプールに投かんされることがある。RBFというタグがついたものが優先処理されるが、もし店舗が受け取ったトランザクションが優先されていない場合は、あとで着金が取り消されることがある。これがダブルスペントの問題だが、トランザクションが承認されるのを待つのは現実ではないケースでは、見切り発車で承認手続きを行う

実際の店頭では、直接、仮想通貨を決済に使えることは稀なので、仮想通貨交換業者のペイメントサービスを通じて、そこがリスクをとることで、即時支払いを承認しています。

NEXT PAGE ➡ | 165

◯ RBFというトランザクション救済措置のための仕様が仇に

ブロックチェーンでは一般に、トランザクションの順序性は保証されないことは、レッスン43でも学びました。先述の通り、ビットコインの場合、どのトランザクションを取り込むかはマイナー（採掘に成功した者）が勝手に判断することになるわけです。そのような判断のもとでは「手数料が低く設定されたトランザクションは、いつまでたってもブロックチェーンに取り込まれない」という事態が起こり得ます。

そのような事態への救済処置として、ビットコインには「RBF」（Replace by Fee）という仕組みが導入されました。RBFとはその名の通り「あとから手数料を高く設定しなおしたトランザクションを送ることで、先に送ったトランザクションを取り消せる」というものです。

しかし、このRBFを導入したせいで、ビットコインは「ゼロ・コンファメーションによる意図的なダブルスペントが自由自在にできてしまう状況」になってしまいました。

トランザクションプールの混雑から特定トランザクションの救済処置のために考案された仕組みが、逆に仇となってしまったのです。

▶ トランザクション混雑時の救済措置が仇に 図表46-2

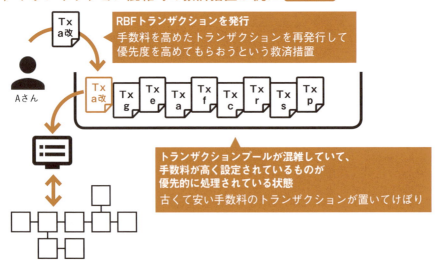

手数料を高くしたトランザクション「Tx a改」（RBF）を再発行し、トランザクションプールのなかで優先的にノードに処理してもらう

このような問題を取り上げるとRBFはなんてやっかいな仕様なんだと思われるかもしれません。それでもやはり混雑時のトランザクション救済措置としては必要なものでもあるので、一筋縄でいかないものです。

○ リスクを承知でゼロ・コンファメーション運用を

ゼロ・コンファメーションによるダブルスペント（二重送金）を確実に防止するには、原則としてトランザクションがブロックチェーンに取り込まれるまで待つしかありません。

繰り返しになりますが、店頭支払いなどの場面では、たとえば10分や1時間も待つのは現実的ではありません。そこで、ゼロ・コンファメーションで承認してしまうケースがありますが、「ブロックチェーンに取り込まれていないことを承知で、見切り発車で決済してしまうケース」が現実に存在します。事業者は当然、ダブルスペントによる不正の可能性は承知しており、実際にしばしば被害が発生しているはずですが、「不正の被害よりも即時支払いで享受できるメリットが大きい」という判断もあるでしょう。

ブロックチェーンを使っていれば、少なくとも「不正された事実をあとで確実に検知できる」ともいえるので、ダブルスペント問題はブロックチェーンのコンファメーションが進むことで確実に解消できます。

つまり、全体の利用者から不正を行う確率がどれほどかと考えると、ほとんどないと考えられる場合はそれを承知で継続的に被害を受け続ける心配をする必要もありません。

また、不正による被害の確率を事前に算出可能であれば、すべてを技術でまかなう必要はなく「被害が出れば保険でまかなう」という考え方もできるわけです。

> 完全無欠のシステムというのは世界中のどこにも存在しません。重要なことは、ある欠点があればそれをどう運用すればカバーできるか、技術でカバーできなければ、ほかの手段はあるかなどをきちんと考えておくことです。

👍 ワンポイント　Cordaという分散型台帳技術がとった二重送金の解決策

UTXOモデルを採用する分散型台帳技術（実際にはブロックを作らないタイプの分散台帳技術なので、ここではあえて、ブロックチェーンとはいいません）では、このダブルスペント問題を解決するために、ブロックチェーンに取り込まれるという概念を捨てました。これは「ディストリビューテッド・ユニークネスサービス」（分散唯一消費検査）という仕組みです。ダブルスペント専門のチェック機構を、分散台帳技術とは別にサブシステム化して採用することで、トランザクションの承認を待つことなく、UTXOがこれまでに使われていないことを即座に検知できる仕組みを用意し、相手方は自ら、トランザクションの唯一消費を検証できるようにしたのです。

💡 COLUMN

UTXOの概念は実に奥が深い

UTXOモデルを使うと、金銭取引を記録できるだけではなく、原理的には物的価値の流通遷移を記録することも可能となり得ます。その理解を促すため、一見まったく関係がないように思えますが「カレーライスを5人前作るときのUTXOモデル」を考えてみましょう。

すべての取引収支をUTXOで表す未来社会

上述の通り、カレーを5人前作るUTXOモデルでも、金銭取引を記録した場合と同様に、入力側（Input）と出力側（Output）の収支の一致することが見てとれます。つまり、究極的には、原材料から製品流通の末端に至るまで、質量保存の法則に従い、収支バランスの連続性を持って帳簿に記録することができるはずなのです。

もっとも、金銭を取り扱うとのは違って、モノの未使用残高、つまり在庫には減価償却があったり、消費期限などの寿命が生じたりするので、これをどのタイミングで記録するのかなど、残された課題や困難も多くあるわけです。しかしたとえば、発電所から変電所を通じて配電盤から家庭に至るまでの電力収支の（熱放出含む）記録などは、UTXOで表現できれば、今まで気づかなかったようなおもしろい発見ができるかもしれません。

▶ カレーのUTXOモデル　図表46-3

カレーを5人前作るUTXOモデル

INPUT	OUTPUT
野菜室の たまねぎ　1個	鍋へ カレー　5人前
野菜室の にんじん　1本	野菜室へ にんじん　0.5本
野菜室の じゃがいも　2個	冷蔵庫へ ぶたにく　200g
冷蔵庫の ぶたにく　400g	食品庫へ カレールー　4ブロック
食品庫の カレールー　8ブロック	空中へ 水蒸気　50cc
水道の 水　500cc	

カレーを2人分よそるUTXOモデル

INPUT	OUTPUT
鍋のカレー　5人前	皿1へ カレー　1人前
炊飯器のごはん　1000g	皿2へ カレー　1人前
	鍋へ カレー　3人前
	皿1へ ごはん　200g
	皿2へ ごはん　200g
	炊飯器へ ごはん　600g

世の中の収支はすべてUTXOで表現できる

Chapter 7

スマートコントラクトで契約を執行する仕組みを知ろう

スマートコントラクトは、契約での合意内容を、当事者がいない状態で自動的に実行するための仕組みです。社会に大きなインパクトを与える可能性を秘めたその仕組みをひもときましょう。

Lesson 47 ［スマートコントラクトとは］
合意内容を自動的に実行する「スマートコントラクト」

このレッスンのポイント

スマートコントラクトと呼ばれる仕組みは、ブロックチェーンのネットワークに計算機能を持たせることで、「複数の人が合意した内容（契約）を、人がいないところでも自動的に履行する」という機能を実現させました。

自動的に契約を執行する仕組み

「スマートコントラクト」（Smart Contract）は、1997年にニック・スザボ（Nick Szabo）が提唱した言葉です。サトシ・ナカモトによるビットコインの論文発表より10年近く前のことであり、当然、「ブロックチェーン」という言葉も存在しない時代でした。

スマートコントラクトを直訳すると「賢い契約」となります。もう少し具体的に言い換えるなら、「自動的に契約を履行する仕組みをスマートコントラクトと呼ぶ」といったところでしょう。

ニック・スザボは、スマートコントラクトの例として、自動販売機を挙げています。彼の定義によれば、今ならWeb通販サイトやアイテム課金制のスマホゲームまで「スマートコントラクト」に含まれるでしょう。

ブロックチェーンの文脈で「スマートコントラクト」という場合、有識者によっても、その定義の解釈が異なることが多いのが実情です。私はニック・スザボの考えに近く、自動的な契約履行を伴う概念を広く「スマートコントラクト」と捉えています。

Chapter 7　スマートコントラクトで契約を執行する仕組みを知ろう

◯ 現金取引も契約の1つ

なぜ自動販売機が「賢い契約」（自動的な契約履行）になるのか、ピンと来ない人も多いでしょう。「そもそも自動販売機は、現金を入れたら商品がすぐに出てくるのにそのどこに『契約』の行為があったのか」と思うかもしれません。

自動販売機がスマートコントラクトの例になっていることを理解するには、そもそも「契約の定義」をはっきりさせておく必要があります。

八百屋やスーパーなどの小売店では、多くの場合、現金と引き換えに目の前の商品を買います。このとき、いちいち「契約」を意識していないかもしれませんが、こうした現金取引もすべて契約行為です。小売店で普通に買い物をするときは、支払いと同時に商品を受け取ることは暗黙の了解ですが、これは客も店員もその場で取引の事実を確認できるからです。

つまりそこには、客と店員の間に「価値（お金・商品）の移転に関する合意≒契約」が暗黙のうちに存在するのです。

このように、複数の人が合意した内容（契約）を、人がいないところでも自動的に実行する仕組みを、ニック・スザボは「スマートコントラクト」と呼んだのです。

▶ ニック・スザボによるスマートコントラクトの定義　図表47-1

契約行為

契約内容を人のいないところで自動的に履行する仕組みをスマートコントラクトという。そのため、人と人が対面で行う販売行為はスマートコントラクトとはいえないが、自動販売機のような人対機械の販売行為はスマートコントラクトといえる

ニック・スザボの定義によれば、スマートコントラクトの概念に含まれる範ちゅうは相当広いですね。

Chapter 7　スマートコントラクトで契約を執行する仕組みを知ろう

NEXT PAGE　171

ブロックチェーンにおける「スマートコントラクト」

ニック・スザボの定義によれば、インターネットを介した商取引や機械を利用した商取引のほとんどは「スマートコントラクト」であるといえます。すると「あるウォレットアドレスから別のウォレットアドレスにコインを移転させる」という単純な取引でさえ「スマートコントラクト」と呼ぶことができてしまうでしょう。

しかし、これでは定義が広すぎてスマートコントラクトの意味を見失ってしまいます。そこで、ブロックチェーンの世界では「契約成立のために必要な条件が記された取引内容が、ブロックチェーン上に改ざん困難な状態で記録されており、そこに書かれた条件が満たされると、自動的に成立するトランザクション」のことをスマートコントラクトと考えます。

これにならえば、「ウォレットAからウォレットBにコインの保有権移転する」という単純な取引は、スマートコントラクトではありませんが、「合意から1週間後、第三者からの異議申し立てが存在しなければ、ウォレットAからウォレットBに所定のコインの保有権を移転する」という取引は、スマートコントラクトとなります。

▶ ブロックチェーンにおけるスマートコントラクト 図表47-2

トランザクション

【契約内容】
A → B へ1 コイン渡す

【契約条件】
ただし、1週間以内に第三者から異議申し立てがない限り

【タイムスタンプ】
2017-06-24 12:34

Aの電子署名

↓ 承認

1週間経過 →

↓ 履行

トランザクション

【契約内容】
A → B へ1 コイン渡す

【契約条件】
ただし、1週間以内に第三者から異議申し立てがない限り

【タイムスタンプ】
2017-06-24 12:34

Aの電子署名

> トランザクションをブロックチェーンに投かんした時点、承認された時点では、まだ契約条件を満たしていませんが、上記の場合1週間を経過するとその条件が自動的に満たされ、解釈として契約（A → B へ1コインを渡す）が成立します。

Chapter 7 スマートコントラクトで契約を執行する仕組みを知ろう

○ パブリックチェーン vs プライベートチェーン

スマートコントラクトを活用した業務システムの実装を検討するケースに限っていえば、「パブリックチェーンとプライベートチェーンのどちらがいいのか」という激論が交わされることは、ほとんどありません。

スマートコントラクトを実装するブロックチェーン基盤としてよく利用されているEthereumのブロックチェーンを例に挙げると、設計自体は、徹底して非中央集権寄りの思想にもとづいています。それにもかかわらず、実業務に適用することを目標にして技術選定の検討を行うと、ほぼ一択で「プライベートチェーン」が選択されます。これは、必ずしもクローズドなシステムを作ろうとしているからそういう選択になるわけではなく、業務の特性を鑑みて評価すると必然的にそうなるということです。

たとえば、開発されるシステムが 図表47-3 のいずれか2つ以上に該当する場合、パブリックではなく、プライベートを選んだほうが、システムの能率が向上すると考えられます。特に後半3つのシステムでは、情報保護、参照制御、高速処理といった要件が加わるので、パブリックのブロックチェーンを使う合理性が低くなるためです。

また、はじめは小規模なプライベートチェーンでも、徐々にコミュニティが広まり、グローバルで利用されて事実上の標準になることもあるでしょう。そうするといずれはプライベートチェーンのアーキテクチャーのままでも、パブリックの性質を帯びてくるということもあります。

しかしながら、不特定多数の利用者を想定していたり、価値の発行を行いたいと考えていたり、情報の監査を公正明大に行いたいといった要件が含まれる業務での利用を検討している場合は注意が必要です。このような場合に安易にプライベートチェーンを選択してしまうと、せっかくのブロックチェーンのメリットをスポイルしてしまうことになるためです。

このようなケースでは、プライベートチェーンとパブリックチェーンとをアンカリングという手法で結びつけることで、プライベート側にもパブリック側の特性を間接的に引き継ぐことができます。実用段階に進む際にはこういったハイブリッド型のシステムも考慮する必要があるでしょう。

▶ 開発するシステムの例 図表47-3

- 複数のメンバー間で共同利用することを前提としたシステム
- 参加するメンバーの業務にそれぞれ異なる立場と役割があるシステム
- 参加するメンバーの各種業務の自動執行を目的として開発するシステム
- 参加メンバー内でのみ流通させたい価値や情報（文書など）が存在するシステム

これらの2つ以上の要件に該当する場合、プライベートチェーンのほうがシステム能率はアップする

業務の特性に応じて、パブリックとプライベートのいいところを組み合わせて利用することを考えましょう。

Lesson 48 ［ワールドステート］
複雑な条件分岐を含む高度なスマートコントラクト

このレッスンの
ポイント

ここでは、前のレッスン47で紹介したような、トランザクションレベルで可能なスマートコントラクトよりも**複雑な条件分岐を含む動作**をさせたいときに必要となる環境、計算可能な合意システムに必要な共通認識を実現する方法を学びます。

○ 条件分岐を含むスマートコントラクトの実現方法

レッスン47で紹介したトランザクションによるスマートコントラクトは、時間が経過すると自動的に条件が成立するものでしたが、もう少し複雑な条件分岐を含むスマートコントラクトはどうやって表現すればいいでしょうか？

この種のスマートコントラクトは、一種のプログラムとして表現されています。基本的には、「○○という条件が満たされたときに××が起こる」という条件が書き連ねてあるイメージです。

▶スマートコントラクトをプログラミングできるブロックチェーン　図表48-1

Ethereum
（イーサリアム）

スマートコントラクト開発言語：
Solidity（専用言語）、Python

Hyperledger Fabric
（ハイパーレジャー・ファブリック）

スマートコントラクト（チェーンコード）開発言語：
Go、Java

R3 Corda

スマートコントラクト開発言語：
Kotlin（Javaから派生）

スマートコントラクトでは、使用される言語に関わらず、バイトコード化され仮想マシン上で実行されるため、合意に影響するような環境依存性はなくなります。

Chapter 7　スマートコントラクトで契約を執行する仕組みを知ろう

174

ブロックチェーンに参加しているノードが一斉に計算して合意

スマートコントラクトのプログラミングは、図表48-1 に挙げたプログラミング言語で記述できます。しかし、ブロックチェーン上に格納する場合には、バイトコードと呼ばれる機械語に変換する必要があります。そのハッシュ値をもとにして導出されたアドレスにひもづけられ、いくつかの引数を取る関数のようにふるまいます。

利用者がこれを動かすには、スマートコントラクトのアドレスに対して、関数の引数を渡すようトランザクションの書式を整え、自らの電子署名を添えて、ブロックチェーンのネットワークに投かんします。

すると、これを受信したノードのコンピューターは、仮想マシン上で、与えられた引数をもとにプログラムを実行します。

その結果、各ノードの出力が一致すること（合意）をもって、ブロックチェーンにその値が書き込まれます。この値は「ワールドステート（世界の状態）」と呼ばれ、ブロックチェーンの世界で合意された参加者全員の共通認識となります。

> スマートコントラクトにおける合意結果は、「ワールドステート」と呼ばれ、ブロックチェーンに記録されると、ほかのスマートコントラクトと共有されます。

👍 ワンポイント　スマートコントラクトを同じ環境として動かす仕組み

「ネットワークに接続されているすべてのコンピューターが、同じスマートコントラクトのプログラムについて一斉に計算する際に、その計算結果が同じになることを検証できる」というのは、一見コンピューターなら当たり前ではないかと思うかもしれません。しかし実際はそう一筋縄ではいかないのです。

コンピューターが解釈する言語（「機械語」といいます）は、CPUの環境によって解釈バイトコードの解釈が異なるためです。もっともわかりやすい例は、情報ビットの並び順（専門用語では、「エンディアン」といいます）を、上位と下位のどちらから数えるかという根本的なところから異なります。そのためこのような差異を平準化すべく、環境を統一した仮想的な計算機基盤をまずは作らないといけないのです。このような仮想環境で動く計算機を一般に「仮想マシン」(VirtualMachine：VM) と呼びます。

○ ワールドステートはなぜ必要か？

スマートコントラクトでは、ネットワーク外部に存在する情報を自由に取り込むことができません。たとえば、ある会社の株価を記録したいのであれば「株価を記録するスマートコントラクト」に宛て、銘柄と株価の情報をトランザクションに込めて、ブロックチェーンのネットワークに投かんします。それが全ノードで合意されてはじめて、その株価情報を、この世界に存在する情報として利用できるようになるのです。このような外部情報が格納される場所が「ワールドステート」（世界の状態）です。

スマートコントラクトは、全員で計算した結果について相互で合意しあう仕組みであることは先述の通りです。そしてこれを実現するためには、原則的に全会一致で合意を得た情報を用いないといけないということは直感的に理解できるかと思います。もし勝手に外部データを参照して計算してもいいルールになっていたら、結果が本当に正しいものなのかどうかを誰も保証できなくなってしまい、合意が取れなくなってしまうのです。したがって、スマートコントラクトでは、ファイルの入出力や、外部プログラムの起動、外部APIの呼出など、外部ソースには一切アクセスができないようになっています。

しかしながら、スマートコントラクトはプログラムです。プログラムは通常、内部情報をだけを参照して動くのは稀で、外部の情報を受けて結果が変化するのが一般的です。そのときに必要となるブロックチェーン上の記憶領域がこの「ワールドステート」です。

▶ ワールドステートはすべてのスマートコントラクトから参照できる情報　図表48-2

○ ワールドステートはどうやって見るのか

ワールドステートとはつまり、ブロックチェーン上で動くすべてのスマートコントラクトから参照可能なグローバル変数（どこからでも参照できる変数）のようなものと捉えればわかりやすいでしょう。

スマートコントラクトは、自由に書けるプログラムなので、どの機能がなにを参照してどう動くのかは、それぞれのスマートコントラクトに依存しています。そのため、ビットコインのブロックチェーンビューワーのように、決まった枠組みで閲覧できるようなビューワーがありません。

したがって、目的のスマートコントラクトが利用するワールドステートに関して、その状態の変化を閲覧したり監視したりしたい場合には、各スマートコントラクトに応じた専用のアプリケーションを作る必要があります。そして、通常はそのアプリケーションを通じてトランザクションに要求される変数を設定したり、取得したりします。

○ ワールドステートの合意で、中央集権的組織は不要に

ワールドステートの応用例として、スマートコントラクトを用いて「チケットの『売ります』『買います』掲示板」を実現することを考えてみます。この掲示板は、利用者である「売り手」や「買い手」の希望するチケットの種別と金額といった情報をワールドステートに掲示しておきます。このワールドステートは、ブロックチェーンのネットワークに参加する者全員が確認できるものです。
それを見たほかの参加者が、自分の条件に見合う取引相手がいるならば、それに応じて契約を自動的に約定させます。

▶ ワールドステートを応用したチケット取引所の例 図表48-3

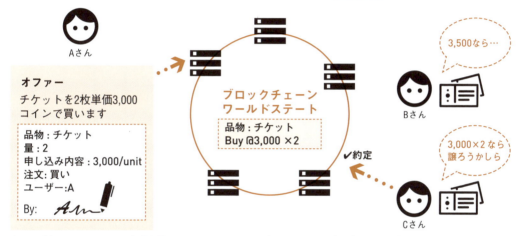

トランザクションにオファーを書き込んでワールドステートに投かん。ほかの参加者が契約を自動的に約定

○ 管理者不在のチケット取引所が自律的に運営される

このときのポイントは、このネットワークへの参加者は、ある特定の企業に対してなんの申し込みもせずに、この掲示板の取引に参加できる点です。つまり、そこには管理者不在のチケット取引所が、自律的に運営されているということです。

このような、自律分散型のサービスや組織運営のことを「DAO」(Decentralized Autonomous Organization)、または「DAC」(Decentralized Autonomous Company) といいます。次のレッスン49で詳しく見ていきましょう。

実際に、世界中の中央証券取引所などは、これらの仕組みが脅威となる可能性にもっとも早い時期から気づいていますね。

Lesson

[支配者のいない組織]

49 自律分散型組織（DAO/DAC）の概念を知ろう

このレッスンの
ポイント

レッスン48では、スマートコントラクトを用いて、ワールドステートを共有することで、自動的に取引の仲介ができる仕組みを学びました。これをさらに、組織活動にまで発展させて考えたものを、<u>自律分散型組織（DAO/DAC）</u>といいます。

○ 組織運営をスマートコントラクトに任せるという発想

スマートコントラクトを利用した組織あるいは企業の概念として「DAO」または「DAC」というものが提唱されています。「DAO」（Decentralized Autonomous Organization）は自律分散型組織、「DAC」（Decentralized Autonomous Company）は、非中央集権型自律分散型企業といった日本語になるでしょうか。つまり、<u>管理者不在のコンピューターが</u>支配する社会です。組織の規約にしろ、契約書にしろ、およそルールというものは、条件分岐の集積で記述されているものです。ですから、それらをスマートコントラクトでブロックチェーン上に記述して完全に自動で履行できるようにすれば、公平で合理的ではないか、という思想です。

DAOやDACは、支配者のいないスマートコントラクトでは、プログラムに書かれていることがすべてだ（Code is Law）という哲学・思想によって運営されています。

○ Code is Law（コードは法）という考え方

Code is Law（コードは法）という考え方が生まれた背景には、Ethereum（イーサリアム）というスマートコントラクトのプログラムを実行できるブロックチェーンが「支配者不在」「非中央集権」などといったアナーキズム（無政府主義）的なスローガンによって強く支持されてきたことが挙げられます。

「世界中に分散して動くEthereumのスマートコントラクトは国家に支配されず、どの国家にも属さない。ゆえにコードに書かれていることが、この世界での唯一の法なのだ」という主張です。

果たして、その主張は現実的なのでしょうか？

👍 ワンポイント　The DAOアタック事件

「The DAO」は、Ethereum（イーサリアム）というスマートコントラクトの基盤上に構築された自律分散型組織です。この組織は、Ethereumのワールドステート上に投資先の候補として登録された、さまざまなDAOへの分散投資を目的として、仮想通貨（ETH：イーサリアム）建てで資金調達が実施されました。

このファンドは2週間足らずの期間で、当時の評価額換算にして約150億円相当を集めて一世を風靡しました。しかしリリース後まもなくして、各DAOが獲得した得票にもとづいて当該ファンドから各DAO宛に資金を自動的に分配するスマートコントラクトのプログラムの部分に脆弱性が発見されました。この脆弱性が悪用され、

2016年6月17日〜18日にかけて、調達した約1/3にあたる仮想通貨（ETH）が、特定のアドレス宛に流出するという事件が起こったのです。

結果として、この事件は「Code is Law」というスマートコントラクトの哲学に大きな問いを投げかけることになりました。スマートコントラクトは、契約をプログラミングできる点が大きな利点ですが、逆にいえば、プログラムのなかにバグを含みやすいという欠点と表裏一体なのです。

また、ブロックチェーンに記述されたスマートコントラクトは、ブロックチェーンの変更不可能性と相まって、皮肉にも即座に対応ができませんでした。

さらに、不特定多数が参加するパブリックチェーンでは、仕様を改定したい際の合意形成が難しいという点も忘れてはいけません。

○ スマートコントラクトに関する哲学の違い

プログラムのなかにバグが含まれることが明らかなとき、「バグを含むコードでさえも法であると主張できるのか？」という疑問が沸きます。ここまでに紹介したスマートコントラクトの基盤は、Ethereum（イーサリアム）を念頭に置いたものでしたが、Code is Lawの哲学には疑問符を持つ開発者も多く、「人は間違う」ことを念頭に置いたスマートコントラクトを実現できないかと考える向きも出てきました。

○ コードに問題があれば、自然言語で書かれた契約書を正とする

たとえば、金融機関向けのスマートコントラクト基盤を提供しているR3のCorda（コーダ）では、ボルトと呼ばれるデータ保管領域を併設しており、スマートコントラクトのバイトコードと対にして自然言語で書かれた普通の契約書や仕様書を保持できるようになっています。これにより、万が一プログラムで問題が起きた際には、この契約書に書かれていることを正として問題解決を図れるようにという工夫がなされています。

▶ スマートコントラクトに関する哲学の違い 図表49-1

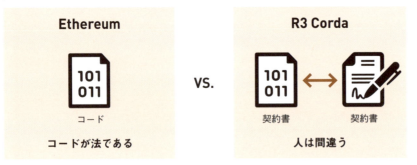

Ethereumはコードに書かれていることが絶対だという哲学であるのに対し、たとえばR3 Cordaのように人間は間違うものだという哲学にもとづいたスマートコントラクトもある

著者個人としては、R3 Cordaの「人間は間違う」ことを念頭においたスマートコントラクトのほうが現実に即しているように感じます。

DAC/DAOはエンドユーザーを幸せにできるのか？

ここまで読むと「DAC/DAOが主流になる世界が本当に実現すれば、仲介業者（管理者）がいらなくなって、その分小売価格が安くなるので、みんながハッピー」と思った人が多いかもしれません。
たしかに、デジタル化された情報流通だけで完結できる現場だけを見ると、そういえるかもしれません。しかし、私たちの生活の多くは、やはり「物」と強く結びついていて、これは決してデジタル化できないものです。

DAC/DAOでコストダウンメリットは本当にあるのか？

物流の世界では、以前から「情物一致」と呼ばれ、情報とモノの状態を常に一致するように管理しようという試みがなされています。たとえば、論理的なモノの所有者の居場所と、物理的なモノのありかを情報として管理するような場合です。
なぜ、「論理的な所有者の居場所」と「物理的なモノのありか」を別々に管理しなければならないのでしょうか。これは情報に比べて「モノは動かしにくい」「モノを動かすならばまとめたほうが安い」という、至極当たり前の理由があるからです。
つまり、個々の所有権が移るごとにモノを動かすのはコストがかかってしまって、現実味がないのです。このような流通の仕組みにおいては「大量にモノを動かせる経済力」を持つ者が、モノの管理を中央集権化したほうが、結果として消費者にはその「モノ」を安く届けることができるのです。

▶ **最適化の進んだ流通システム** 図表49-2

サプライヤーと直結・流通レイヤーからの最適化（中央集権化の強み）

ピッキング〜 出荷（クロスドッキング） ← 流通商社の一時滞留在庫（消化仕入・ダブルトランザクション） ← 各メーカーの在庫（物流アウトソーシング）

モノの管理を中央集権化することで結果的に消費者に安く届けられる

モノの管理は中央集権化したほうが安く流通でき、消費者も幸せなのです。

Chapter 7 スマートコントラクトで契約を執行する仕組みを知ろう

Lesson 50 ［外部データ参照とオラクル］
外部情報を参照して動くスマートコントラクト

このレッスンのポイント

ここでは、スマートコントラクトから外部情報を取り込む方法について学びます。自動的に契約が履行される環境下での合意形成のために必要な情報は、それ自体が信頼できて合意がなされた情報である必要があります。

○ ブロックチェーンは外部の情報を直接取り込めない

スマートコントラクトのなかで、少し複雑な条件を扱いたいとき、ブロックチェーンネットワークの外部に存在する情報を利用したくなることがしばしばあります。

たとえば「熱気球に乗る権利」を予約するとき、「当日、日の出時点の天気が晴れ、または曇りで、風速が5m/s以下であれば権利行使できる。それ以外ならキャンセル」という条件分岐が発生するとしましょう。これをブロックチェーンのスマートコントラクトで実装するためには、「ある時点の気象データ」を外部から取り込む必要があります。

それくらいなら、気象庁のサービスに自動的にアクセスするプログラムを作れば、比較的簡単に実現できそうですね。

しかし、スマートコントラクトから参照し、条件判断に利用できる情報は、すべてネットワーク参加者による合意を得たのものでなければならないという制約があるのです。この制約が、普通のプログラムとスマートコントラクトの最も大きな違いです。

実際、「天気のデータを取ってくるだけ」なら実現できるのですが、ここで「本当にデータを取ってくるだけでいいのか？」が問題になります。

> スマートコントラクトでは、全員が等しく評価できる情報（ワールドステート）を用いて評価を行わないと、自律分散ネットワークのなかでの正しい判断ができず、協調的な動作ができなくなってしまいます。

◯ 第三者提供の情報リソースを参照したいとき

レッスン48で「売りたい／買いたい掲示板コントラクト」を図示しました（図表48-2）。これもよく考えると、「買いたい」という意思を示したAさんや、「売ります」と名乗り出たBさんの意思というのも、もともとはブロックチェーンの外部にあった情報です。

「売りたい／買いたい掲示板」のスマートコントラクトでは、その取引当事者の売買意思をワールドステートへの登録事項として要求しているので、その内容に問題なければ登録することができ、これをネットワークに参加するほかの人にも参照できる状態になりました。

一方で「天気の状態によって権利が行使できるか／できないか」を判断しなければならないスマートコントラクトでは、取引当事者の意思とは無関係の第三の情報が必要となるため、この情報をどうにかしてワールドステートに登録しなければなりません。

▶ 外部リソースは単独ノードが勝手に取り込めない 図表50-1

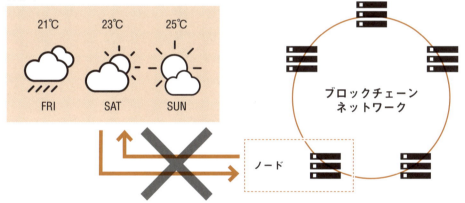

取引当事者の意志とは無関係な外部の情報は取り込めない

◯ 信頼できる機関の情報なら取り込んでもいいのでは？

このとき、「気象庁のような公的組織には社会的信頼性があるから、その組織が発表するデータは自由に取り込んでも問題ないじゃないか」という考え方はできるでしょう。しかしそれでも、分散合意を基本とするブロックチェーンシステムの思想では、合意の取れていない第三者の提供情報を直接取り込んで利用することは、不正データである可能性を排除できない以上、情報の信頼性に影響を及ぼし協調動作を乱す原因になると考えるのです。

● 第三者提供の情報リソースを「オラクル」(神託)と考える

ブロックチェーンでスマートコントラクトを扱うときに、「ネットワーク外部に存在する第三の情報ソースはすべて信用できない」という立場に固執すると、本当になにもできなくなってしまいます。そこで「オラクル」という考え方が登場しました(データベース製品で有名なオラクル社とは関係ありません)。

オラクル（Oracle）を直訳すると「神託」になります。要するに、「外部からブロックチェーンに取り込んだ情報は、ワールドステート（世界の状態）として、神のおつげ（神託）のようにみんなで信じることにしましょう」という意味です。

先ほど例に挙げた「気象庁のデータを取り込む」という行為も、一種のオラクルです。

しかし、ここで忘れないでほしいのは、外部のデータを取り込む際にうそのデータを入力されてしまう可能性があるということです。つまり、データを投入する個人または組織を完全に信用しなければならないということです。

一般に、公的機関の発表するデータの投入であれば、いろいろな手段で検証する術があります。しかし私企業の発表するデータについては、監査の手段がなければ、その利用には多少は慎重になるべきでしょう。

それでも、それらのデメリットは承知のうえで、「実用的なアプリケーションを作るためには、どうしても外部データが必要」という現実とは向き合わなければなりません。

▶ オラクルのイメージ 図表50-2

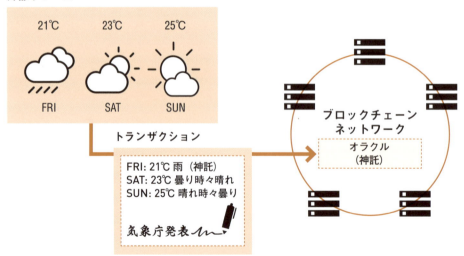

外部リソースはトランザクションから登録して、合意を得たものを「オラクル」とする

○ オラクル(神託)を民衆が決める

「神託を民衆が決める」というようないい方をすると、一見矛盾したことをいっているようにも感じますが、スマートコントラクトの利用例の1つに「予測市場」というものがあります。

予測市場というのは、未来に起こることに関して、選択肢をいくつか作り、そのうちのどれになるのかを予測することです。そしてその結果がどうであったかの結果検証をオラクルにしたらどうか、というアイデアです。

これは中央集権型のオラクル登録を嫌がる非中央集権信奉者たちが編み出した、オラクルの登録でさえ民主的に行わなければならないという考えにもとづいたものです。

> 予測市場は、オラクルの登録を誰かの一存に任せるのではなく、民主的に行えないかを考えて生まれたアイデアです。

○ 予測市場によるオラクル登録には時間がかかるのがデメリット

予測市場はその仕組みの宿命上、予測の投票期間と、投票結果の検証期間というものが設けられています。人々が結託していないかを「評判」という指標を用いて正しい検証を行う者でないと、結果的にインセンティブが得られないのです。誤ったら没収となるような仕組みを作り、その運営そのものをスマートコントラクトに任せるなど、徹底した「非中央集権化」に注力されています。

しかし、その仕組みの宿命上、オラクルが確定するまでに日数を要し、リアルタイム性に欠けます。そのため実際のビジネスへの応用や実用性については疑問符がつくのを避けられないでしょう。

👍 ワンポイント　予測市場のユースケースは胴元なしのギャンブルができることだけ?

「予測市場がなにに使えるのか、なにかビジネス的に有益な使い方はないのか?」と探ってみても、なかなか「胴元なしのギャンブル」ができることくらいしか、ユースケースが見つからない点も少し残念なところです。

考え方はとても興味深いだけに、ギャンブル以外にも成り立つ市場があればいいのにとは思います。

Lesson 51 [P2M・M2M]
マシンがスマートコントラクトを利用するとどうなるか？

このレッスンのポイント

ここまでは、人がスマートコントラクトを利用する話を中心にしてきましたが、もし、マシンがスマートコントラクトを利用するようになるとどうなるでしょうか。これはSFのような話ではなく、むしろ人が使うスマートコントラクトより自然なことに感じます。

マシンが自律的にサービスを提供しだす世界

スマートコントラクトが発達した社会を想像すると、人と人との取引よりも、人と機械、機械と機械同士の取引の頻度が高くなる世界が考えられます。

たとえば、IoT（インターネットに接続したモノ）すべてにウォレットが連動するようになれば、機械が自律的にサービスを提供して、それに対して人間が支払いを行うような未来は、そう遠くないように思われます。

▶ マシンが自律的にサービスを提供する　図表51-1

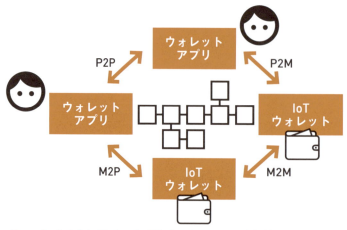

スマートコントラクトによって、P2P（People to People：人と人）だけでなく、P2M（People to Machine：人と機械）、M2M（Machine to Machine：機械と機械）の取引が当たり前になる

近い将来スマートコントラクトを利用する主役は、マシンになるかもしれません。

Chapter 7　スマートコントラクトで契約を執行する仕組みを知ろう

○ マシンが収集した情報を別のスマートコントラクトが利用

ワールドステートに記録された情報は、記録したスマートコントラクトから見えるだけではなく、別のスマートコントラクトからも参照できるようになっているところがポイントです。

たとえば、IoTセンサーのようなものが、自らのセンサーデータを刻一刻と、ワールドステートに書き込んでいく仕組みになっているとします。そうすると、そのデータを必要とするまったく別のスマートコントラクトが、その情報を条件として、何かの契約を自動履行させるかもしれません。

○ スマートコントラクトが別のスマートコントラクトを育てる

レッスン50では「天気予報の情報は、オラクルとして大本営の気象庁が登記する」ような例を取り上げました。しかしもし、センサーネットワークが発達し、そのセンサーたちがスマートコントラクトのウォレット機能を有するようになるとどうなるでしょうか。そのセンサーは営利目的で、刻一刻と変化する気象情報（雲の動き・温度や湿度・風の強さや向き・日照の強さなど）をスマートコントラクトを通じて自動的にワールドステートに記録するようになります。そしてこれを利用しようとする他者に対価を要求するようになるかもしれません。

次に、これらのセンサーネットワークが収集したデータを商用利用して、天気予報を導き出し、その予想データを同じく営利目的でワールドステートに記録するボットが出現するかもしれません。

さらに、そのボットの登録した天気予報を利用したい人間が、その対価を支払うようになり……といったように、連鎖取引が当たり前な将来を迎える可能性もあります。

こうなると、気象庁が「オラクル」を登録するといった仕事すら、スマートコントラクト自身に奪われてしまう可能性もあるわけです。

> もし、あなたが「有料情報は会員以外には隠しておくべき」という発想を持っているならば、スマートコントラクトが当たり前になる世界では、その思考回路を180度転換する必要がありますね。

Chapter 7　スマートコントラクトで契約を執行する仕組みを知ろう

COLUMN

スマートコントラクトでは、時刻による合意はできない

スマートコントラクトのなかで時刻を扱いたいと考えた場合、各ノードが自前のOSのシステム時計を参照すればよさそうなものですが、これをワールドステートの合意のために利用することはできません。

通常、ブロックチェーンに接続している各ノードは「NTP」という時刻を同期するプロトコルを使っています。このNTPによって一定時間ごとに時刻を調整しているため、それぞれのノードの管理している時刻がそんなに大きく狂っていることはないのです。しかしそもそも、そういう問題ではなく、スマートコントラクトにとっては時刻でさえ、「外部リソース」になることが厄介なのです。

つまり、スマートコントラクトのなかで、時刻を基準としてワールドステートを更新したい場合には、外部の時計リソースをオラクルとして登記する方法を考えなければなりません。

このとき、本当に正確な時刻を扱いたいのであれば、時刻認証局（TSA：Timestamp Authority）の発行するタイムスタンプトークンを用いる検討を行う必要があります。

スマートコントラクトに限らずとも、ブロックチェーンにとって時刻の取り扱いは鬼門といってよく、特にトランザクションの順序性担保をどうするかは、常に厄介な問題なのです。なぜなら、ブロックチェーンは分散システムですから、そもそもノードによってトランザクションが届く時刻にはばらつきがあるため「全ノードがぴったり同じトランザクションの到着順で合意する」ということは難しいのです。

もし、そのような要求仕様があったならば、単一障害点ができるのを覚悟のうえで、承認者ノードのトランザクションプールにデータが到着した時点でなんらかの順序性を担保する仕組みを考えるか、ノードへのトランザクション到着順による評価はあきらめて、クライアント側で時刻認証局（TSA）から得たタイムスタンプトークンをトランザクションのなかに込めて送ってもらい、これを評価するルールを作って、その内容で順序性を決定する、などといった実装方法を検討する必要があるでしょう。

たとえば、株式取引や指定席の発券システムなど、完璧に先着順で処理しなければならないユースケースは、これをブロックチェーンの技術だけでカバーするのは困難だと考えるのが現実的です。

実際、ブロックチェーンを用いるソリューションは、単独で運用するより周辺のサポートシステムと一緒に動かすほうが、本来の役割と威力を発揮するのです。

Chapter 8

ブロックチェーンが活用される世界を想像してみよう

> これまで学んだことの集大成として、ブロックチェーン技術が実社会でどのように活用できるのか、業界やサービス分野ごとに具体的に見ていきましょう。

Lesson [仮想通貨の取引所]

52 仮想通貨交換業について知ろう

このレッスンのポイント

交換業の文字通り、「法定通貨と仮想通貨」もしくは「仮想通貨同士」を両替するサービスを利用者に提供するのが、仮想通貨の取引所です。日本国内では世界でもっとも早く法整備が整ったことから「仮想通貨交換業」はライセンスを要する事業として規制を受けています。

仮想通貨取引所の基本的な仕組み

国内の取引所を見ていると「手数料0%」などとなっているところも多く、「いったいどこで儲けているのだろう？」と不思議に思うかもしれません。しかし、そこにはいろいろなからくりがあります。まず取引所が表示している価格は、通常「売りたい人向けの提示」と「買いたい人向けの提示」の2種類が提示されています。実は利用者が0%の手数料で取引できるのは、この価格で取引するときに限ります。どういうことかというと、ここに提示されている金額の時点ですでに取引所は内部的に儲け分を上乗せしているのです。

▶ 手数料0%の取引所が儲ける仕組み 図表52-1

買い手
買いたい

買いたい人向けの提示
300,300
取引所内部処理
300,000
売りたい人向けの提示

この差額が取引所の儲け

売り手
売りたい

内部処理で儲け分を盛り込んだ額を提示している

仮想通貨の取引には中央証券取引所のようなものがありません。そのため上場株式の取引のように1物1価ではなく、すべてが相対取引となっており、取引所によっても提示価格が違うことがあります。この差を狙って取引をするテクニックもあります。

Chapter 8 ブロックチェーンが活用される世界を想像してみよう

190

◯ 仮想通貨は匿名性が高い？

「仮想通貨は匿名性が高く、マネーロンダリングの温床になるのではないか？」などといわれることがあります。実際、取引所が発達していなかった頃、仮想通貨が欲しければ、どうにかして相対取引で法定通貨と直接交換してくれる人を探す必要がありましたが、この方法は匿名性は高かったものの非常に効率が悪く不自由でした。現在では世界中に取引所が増えてきて、特に日本国内では法的整備も進み「仮想通貨交換業」が登録制の認可事業になったので、現在では取引所を介して法定通貨と仮想通貨を交換するのが一般的になっています。

◯ 仮想通貨取引所は犯罪収益移転防止の砦

ウォレットアドレスと個人とを結びつけているのが取引所です。ほぼすべての取引は、どこかの取引所からはじまり、最終的に法定通貨に換金したければどこかの取引所から外に出るわけです。途中で独立ウォレットなど紆余曲折はあるにせよ、すべての取引所が本人確認を怠らずに行っているならば、コインの流れは明確です。

ここまで読んできた人にはすでに理解できているように、ブロックチェーンはそのすべての取引を克明に記録しています。

あのマウントゴックス事件についても、ウォレット解析の結果、その多くが、BTC-eというブルガリアの取引所にたどり着いて換金されていることがわかりました。その途上のウォレットアドレスの持ち主が判明したことから、真犯人と思しき人物が逮捕されています。

▶ **マウントゴックス事件ビットコインの流れ** 図表52-2

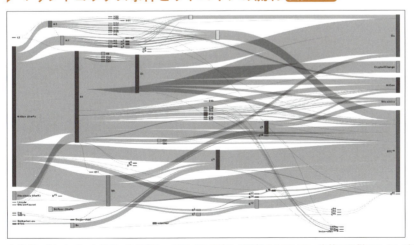

左端がマウントゴックスで、右に向かってコインの流れが記録されている。右端の下側のラインがBTC-eの取引所
出典：WizSEC「Breaking open the MtGox case」- CoinFlow
http://blog.wizsec.jp/2017/07/breaking-open-mtgox-1.html

Chapter 8 ブロックチェーンが活用される世界を想像してみよう

Lesson [法定通貨と仮想通貨]

53 法定通貨を流通させる方法を考えよう

このレッスンのポイント

法定通貨をブロックチェーンで流通させることは、「法定通貨と高い為替連動制を持った仮想通貨を流通させること」と言い換えられます。ここでは、ブロックチェーンを使用することで得られるメリットと、現在行われている新しい取り組みを紹介します。

Chapter 8　ブロックチェーンが活用される世界を想像してみよう

法定通貨をブロックチェーン上で表現

法定通貨を電子的に流通させるという取り組みはすでにいくつも存在しています。たとえば、SuicaやPASMOなどの現金をICカードにチャージして使うプリペイド方式（前払い型）の決済システムや、PayPalなどの送金・決済サービスもその1つです。これらのサービスはお客様から資産を預かり、それを業者の責任のもと供託、保全、分別保管などを行っておき、実際の資産の取引はデータベースのなかで動かすというのが従来からのやり方です。

それをブロックチェーンでやるということは、法定通貨に準ずるトークン（レッスン54の「ワンポイント」参照）を仮想通貨の技術に置き換えて流通させるということになります。なお、銀行以外がこれらの業を行う場合は、「資金決済に関する法律」に定められた要件を満たし、資金移動業者や前払式支払手段発行業として登録しておく必要があります。

▶ デジタル通貨、電子マネー、仮想通貨の違い　図表53-1

デジタル通貨
国や政府が発行
発行者が価値を決める
1円

電子マネー
私企業や組織が発行
発行者が価値を決める
1円＝1ポイント

仮想通貨
私企業や組織が発行
市場が価値を決める
1円≒1トークン

電子マネーと仮想通貨は、価値を決めるのが誰かという点が異なる

SuicaなどのICカードへのチャージは、その企業が発行している仮想通貨を法定通貨（円）で購入しているといえますね。

○ ブロックチェーンで価値を流通させる方法

仮想通貨を法定通貨と同じように流通させるには、国や企業がその信頼を担保することで流通させる方法が考えられます。そしてもう1つの方法が、その仮想通貨が法定通貨と等価になるよう市場に認めさせる方法です。

前者は、国または企業のどちらが発行しているかという法制度上の違いや、信頼モデルの違いはありますが、技術的には同じ方法となります。一方の後者は、仮想通貨技術としてどのように法定通貨を表現できるかというチャレンジングな試みです。

▶ブロックチェーン上に法定通貨を流通させる試み 図表53-2

	デジタル法定通貨	法定通貨建てデジタル資産	法定通貨と連動性の高い仮想通貨	前払式支払手段
発行者	中央銀行・政府	私企業	私企業	私企業
発行業務代理人	中央銀行・政府	銀行・資金移動業者	仮想通貨交換業者	前払式支払手段発行業者
法律	日銀法	銀行法・資金決済法	資金決済法	資金決済法
発行事例	発行前例なし	MUFGコイン	ZENトークン	Suica、PASMOなど
流通形態	強制通用力を持つ	発行者が定める	発行者が定める	発行者が定める（もっぱら支払い用途）
価値の裏づけ	信用力	（銀行）保険（資金移動）保全	分別保管	保全（ただし、50％）
支払用途	○	○	○	○
送金用途	○	○	○	×
現金引出し	○	○ 提携先銀行などから	△ 法定通貨と両替可	×

価値を流通させるにはさまざまな方法があり、それぞれ制度や機能が異なる

○ 仮想通貨の技術で法定通貨を表現する取り組みも

デジタルトークン「ZEN」というプロジェクトがあります。あらかじめ発行者は複数の取引所と業務委託契約を結んでおきます。次に、第三者の発行申請者が新規発行を希望するとき、取引所を通じて発行申請を行います。このときたとえば1ビットコイン＝300,000円だとすると、1ビットコインを支払うと300,000 ZEN分の発行権が付与されます。同時に発行者には1ビットコインが渡るわけですが、同時にこれを円に交換します。つまり、1ZEN＝1円と期待できるレートで交換するわけです。次に、発行者は交換後の円を原資に、取引所に1ZENを1円で買う注文を出します。

この「ZEN」の取り組みは、国が発行するデジタル法定通貨や、企業が発行する電子マネーとは異なり、ZEN対円の取引価格に変動が起こり得るため、必ずしも1円のレートでの交換を約束しているわけではありません。しかし、1円近くに市場価格が収束することが期待できる理論によりこの仕組みが支えられているのです。

Lesson **54** [企業通貨の活用]

「ファン作り」や「キャッシュフロー改善」に企業通貨を活用する

このレッスンのポイント

企業が発行する、企業活動を行うにあたってのなんらかの価値を付与したものが企業通貨です。これまでも企業通貨はさまざまな形で発行されており、私たちの生活に欠かせない存在になっています。これをブロックチェーン上で流通させる事例を見ていきましょう。

○ 企業通貨（企業トークン）とは？

企業通貨とは、企業がビジネスで使うために発行する通貨（または、トークン）のことです。ある企業の商品や〇円相当のサービスなどとひもづけて発行し、利用者は企業の信頼を担保にその価値と交換します。電子マネーや買い物で使えるポイントも企業通貨の一種です。また、企業内部での決算手段として利用することもできます。法定通貨と比べると流通の範囲は限定されますが、トークンとして発行して用途ごとに活用できるのもメリットです。

▶ 企業通貨トークンのイメージ 図表54-1

企業

発行 →

1ポインコ
利用者・ファンなど

利用 →

5ポインコ
商品・サービス

ある企業が自社トークン「ポインコ」を発行し、自社サービスなどで利用してもらう

👍 ワンポイント　デジタルトークン

トークンとは「価値を含んだ媒体」のことです。具体的には、通貨に限らず証券、チケット、スタンプ、ポイント、クーポンなどのことを指します。こういった価値をデジタルデータにしたものをデジタルトークンといいます。トークンにつける単位は自由です。たとえば企業のサービスとひもづけて単位を決定できるので、あるサービスに使えるトークンの単位を仮に「ポインコ」とした場合1ポインコ（トークン）＝300円相当のサービスなどといった使い方もできます。

企業のファンを作るために使う「トークン広告」

ブロックチェーン上を流通するトークンは、追跡できることも大きな特徴です。この仕組みを利用して、企業のファンを増やす施策も考えられます。たとえばクーポンをブロックチェーン上に発行してみましょう。このクーポンは自分で使うこともできるし、友達にあげることもできます。不要なら人にあげれば、実際にニーズのある人まで転々流通（不特定多数に譲渡されていくこと）していきます。

このような特性を応用すれば、クーポンをインフルエンサーに渡して、友人を中心に発信してもらうことで、クーポンを実際に使いたい人までより効率的に行き届けられます。

企業通貨の価値は自由に設定できる

企業通貨は、必ずしも「法定通貨」と1対1で交換できる必要はなく、「商品」と1対1になるように自由に設計できます。たとえば、ある商品が300円程度であれば、1トークン＝300円相当のサービスと交換できる権利として発行してもいいのです。

居酒屋チェーンで300円均一のお店であれば、たとえば「サカヤ」という単位を作って発行し、5品頼めば「5サカヤ」でお勘定に代えられるというような使い方をさせてもかまいません。

サプライチェーンで企業通貨を利用

たとえば、商社が発行する企業通貨「トリヒキー」という単位があったとしましょう。これは、商社の取り扱う商品2000円相当分の未決済分の販売高について、1000円相当分の仕入れ権として、販売時点に自動付与されるトークンだとします。このとき、仕入れ額が販売額の半額だとすれば、1商品を販売するごとに1商品を追加仕入れできる権利を手に入れる勘定になります。

このように掛け取引の代わりに使える企業通貨が用いられるようになると、究極的には金銭の売り掛け／買い掛けをなくせるかもしれません。

企業間取引では、掛け取引を開始する際与信が見られてきましたが、通常、中小企業にとっては不利な条件を強いられることが少なくなかったのが現状です。

このような仕組みの企業通貨が取引に使えるようになれば、サプライチェーンに属する卸業者や小売店は、キャッシュフローが改善し安定的な経営がしやすくなります。

> 企業トークンは、ここに挙げたほかにもアイデア次第でいろいろな使い方が設計できそうですね。

Lesson **[地域通貨の活用]**

55 インバウンド施策や地域活性化に地域通貨を活用する

このレッスンのポイント

地域を活性化する目的で発行する地域通貨。これまで地域活性化のための有効な取り組みとして注目を集めたことはあっても、実際に成功した事例は多くありません。ブロックチェーンの特徴を活かして、地域通貨でどんなことができるか考えてみましょう。

地域通貨とは？

地域通貨の例として考えられるのは、地方銀行、商店街（商工会）、または地域の企業が発行したもので、その地域でのみ利用できる通貨です。

企業通貨と同じように、発行元の信頼を担保に発行することになります。地域通貨を発行する目的としては、地域振興や活性化、地域の雇用促進のケースが多く、その意味では地域振興券やプレミアム商品券といった施策と似ています。

しかし、地域振興券などは助成金や補助金を原資にした自治体などによる一時的な町おこし施策にとどまってしまうことが多いのが現状です。本来、地域通貨は助成金や補助金などを原資にするものではなく、域内の経済活動に根づき継続性があるものにしなければなりません。

▶地域通貨トークンのイメージ 図表55-1

その地域で発行、利用、清算まで行い、継続的にエコシステムを形成する

地域通貨は助成金や補助金に頼らず、地域経済によって自律的に運営できる（＝利益の出る）スキームになっていないと成功が難しいと思います。

196

○ インバウンド施策としての地域通貨

インバウンド施策として地域通貨の活用方法を考えてみましょう。インバウンドとは、観光など地域外から人を呼び込むことを指します。この場合は、外部のお客様にとっていかに魅力的な仮想通貨を作るかが施策のポイントです。言い換えれば、「この土地に来るなら持っていたほうが得する地域通貨」となります。

たとえば旅館が地域クーポン付き宿泊券（トークン）を発行するといった利用法が考えられます。旅館同士で競争することで、より魅力的なトークンの発行が促され、結果として観光客の増加につながるでしょう。

○ 地域活性化のために地域通貨を発行

地域活性化のための地域通貨は、インバウンド施策とは異なり、その地域に住んでいる人のための施策です。たとえば地元の商工会が発行して、その商店街で利用できる形態や、地域の企業が発行して自分のお店で利用できるようにする形態が考えられます。この場合は企業通貨と近い、あるいは同じ性格の通貨になるでしょう。

ブロックチェーンのメリットを一番得られる形態としては、たとえば回数券型クーポン（トークン）が考えられます。回数券という形態は「ちぎって人にあげる」ことが可能なので、プレゼントしたり、プロモーションに利用したりといった「利用者と発行側の双方にメリットのある活用」が可能です。

○ 地域生活者の雇用安定のために

ある企業が人材を集めたいときに、給与の先払いを提供できれば強力なアピールになるでしょう。この給与先払いの仕組みを仮想通貨の技術によって実現できるかもしれません。

実際に1930年代にオーストリアの田舎町で実施されていた「労働証明書」という、減価する貨幣の仕組みを現代のフィンテックを応用してアレンジするイメージです。

法的観点をいったん棚上げしてアイデアだけをいうと、たとえば1週間で4%目減りしてしまうトークンで給与を支払います。10万円早期払いした場合、1週間後には9万6千円になり、25週間放っておくと、0円になってしまう不利なものです。

目減りした分は改めて銀行（地銀）からスタンプトークンを購入しなければ使えません。

使わなければ減ってしまうし、銀行にもお金を払わなければいけないとなれば、減らないうちに優先的に使おうというのが人の心情なので、この仕組みが導入されると通貨の流動性が何倍にも膨れ上がることがすでに実証されています。

たとえば、労働者政策などのヘリコプターマネー（政府などが一律で補助金をばらまく政策）にこれを応用すれば「せっかくばらまいたのに貯め込まれて使われない」ということがなくなり、地域での利用が促進されるようになるはずです。

Lesson **[証券分野への適用と課題]**

56 証券分野にブロックチェーン技術を適用する

このレッスンのポイント

証券分野とブロックチェーンは非常に相性がいいといえます。従来業務の多くを省力化できる可能性が高く、この分野に関わるプレーヤーの多くがなくなってしまう可能性もあります。この業界では生き残り戦略を真剣に考えなければならないでしょう。

○ 証券分野と非常に相性がいいブロックチェーン

ブロックチェーンで扱えるものは、仮想通貨だけではありません。有価証券のように、財産上の権利や義務を表し、移転する性質を有する証券についてもブロックチェーン上に流通の基盤を構築するメリットがあります。中央証券取引所が扱うような高速取引が求められる分野への導入にはまだ課題が多いですが、店頭取引のような相対取引（OTC）の場合には、十分実用に足る、現実味のある性能と機能を持っています。理解を深めるために証券を例に流通の全体像を見て、そのなかでブロックチェーンで置き換えられる業務を見てみましょう（図表56-1）。

▶ ブロックチェーン技術の台頭によって消える「リコンサイル（転記）業務」 図表56-1

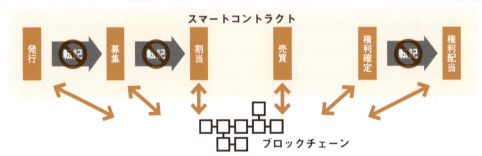

証券業務では、発行から配当までを1つの分散システムで構築できる。そうなるとリコンサイル（転記）業務は事実上なくなる

証券としての価値の一生、つまり、証券が生まれて死ぬまでのいっさいを、ブロックチェーンを使って記録管理できるため、従来分断されていた各業務は1つのスマートコントラクトによって置き換えが可能になってしまいました。

○ ブロックチェーン上に証券市場インフラを構築

JPX（日本取引所グループ）では、ブロックチェーン上で証券取引を行うための大規模な実証実験を行っています。どのブロックチェーンがいいかを選択する実証実験はすでに完了しており、次の段階では、コンソーシアムを広げて実際の取引が可能かを検証しようとしています。

この実験を通じて見つかった課題の多くは、参加しているITベンチャー企業や大企業などが競い合うようにソリューションを研究しているところです。少なくとも株式の店頭取引や、クラウドファンディング分野におけるブロックチェーン活用については、実用化が目前まで来ているといってもいいでしょう。

○ 最大の課題はブロックチェーン上で流通する「法定通貨」

ブロックチェーンで証券業務を大幅に省力化できることは前述のとおりですが、実は1つだけ非常に大きな課題が残っています。それは「法定通貨」をどうするかです。

これを実現化するためには、レッスン53で取り上げたような、ブロックチェーン上に発行されるデジタル法定通貨、つまり、政府や日銀がブロックチェーン上に法定通貨を発行してくれるかどうかが大きなカギを握っています。

もし、法定通貨がブロックチェーン上に発行されると、本当に革命的なことが起こります。デジタル的な価値の取引のDVP（Delivery Versus Payment：配達と支払いの同時履行）を確実に行えるようになるためです。

○ 証券会社がこれから生き残るためにやるべきこと

前述のように証券業務に関しては、発行から、募集、割当、売買、配当までを、分散ネットワーク上に構築された1つのシステムで実現できます。

しかも証券会社同士が情報を共有しやすくなるため、証券会社のあり方が大きく変わります。つまり、1つの証券を取り扱うことで手数料を得てきたようなビジネスはほぼ成り立たなくなるでしょう。証券会社が生き残るために考えるべきは、ファンダメンタルズ（投資のための情報提供）に重きを置くことが考えられます。これから重用されるのは、投資顧問業やアドバイザー、などが考えらえます。このあたりは人工知能に置き換えられる可能性の高い分野でもあります。そのため、業界全体が大きく再構築されるでしょう。

> アドバイス業務を中心とした高付加価値の営業力が強みとなるのではないでしょうか。

Chapter 8　ブロックチェーンが活用される世界を想像してみよう

Lesson 57 [文書の管理]
証憑書類の保管・デジタル文書の真正性証明に活用する

このレッスンのポイント

ブロックチェーンの「耐改ざん性」「存在証明性」「事実否認防止」の特性を駆使できるのが「証憑書類の保管・デジタル文書の真正性証明」の分野でしょう。なお、この仕組みの実現には分散ストレージ技術が必須となるため、これを併せて学習します。

◯ ブロックチェーンの応用の幅を広げる分散ストレージ技術

これまで紹介してきたケースは、通貨や証券のように単にその銘柄と数値だけで表現可能なものでした。それらの値は比較的サイズが小さいため、その権利の制御を直接記録することができました。ところが、証憑書類をスキャンした画像や、契約書などのデジタル文書をブロックチェーンに関連づけて、その真正性や存在性の証明を行いたいときは、そのハッシュ値のみをブロックチェーン上に記録し、本体データは分散ストレージなどに別途配置しておく必要があります。

そこで考えられたのが「コンテンツアドレス」という仕組みです。これはテキストデータ、画像データ、音声データ、映像データなどの目的のファイルを保管する際、目的のコンテンツファイルのハッシュ値をアドレスとして、分散ストレージのネットワーク上に論理的に配置する手法です。

実用的には1つだけのストレージに配置されるのではなく、可用性を高めるためハッシュ値の近い順に3つ、6つなど、あらかじめ決められた数だけコピーされます。実際にはストレージ環境のハッシュ値は近くとも、物理的には地理的に分散していることになります。

▶ コンテンツアドレスと分散ストレージへの配置　図表57-1

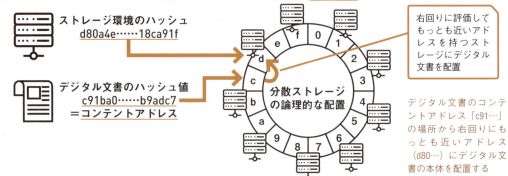

ストレージ環境のハッシュ
d80a4e……18ca91f

デジタル文書のハッシュ値
c91ba0……b9adc7
＝コンテンツアドレス

右回りに評価してもっとも近いアドレスを持つストレージにデジタル文書を配置

デジタル文書のコンテンツアドレス「c91…」の場所から右回りにもっとも近いアドレス（d80…）にデジタル文書の本体を配置する

○ コンテントアドレスの仕組み

コンテントアドレスの値は、ハッシュ値をベースに生成されるため、コンテンツの内容が1ビットでも異なれば、まったく別のアドレスが割り当てられるのが重要なポイントです。しかも、ハッシュ値程度のデータサイズに収まっていれば、これをブロックチェーンに関連づけて記録するのも、他者への迷惑にはなりません。

つまり目的のファイルを取得する際に指定したアドレスと、ファイルのハッシュ値が同じ値として求められれば、格納されているデータが指定のデータであることを確証でき、同時に、ブロックチェーン上に同じ値が記録されていれば、その目的のコンテンツを指示しているということを確認できます。この特徴を用いることで、ブロックチェーンに収まりきらないデータをブロックチェーンに関連づけて評価できるようになるわけです。

○ 非情報化の技術を使えばもっと安全になる

分散ストレージに格納するデータは、必ずしも生データでなくてもかまいません。たとえば目的のコンテンツのファイルに対して「圧縮」「暗号化」「断片化」を順に施した状態を「非情報化」といいます。非情報化された個々のデータ片は、もはや正常なデータですらない（破損しているようなもの）ため、復元することは不可能です。

この非情報化データをもとに戻して、正常な本来目的のファイルを得るには、先の手順を逆にたどる復元手順書が必要です。復元手順書には断片リストや暗号を復号する手順が含まれますが、これに必要な鍵を入手するには、たとえば、所定のトークンを保有していなければいけないようにするのです。こうすることで、アクセス権をコントロールすることができます。

▶ 非情報化と復元のアクセスコントロール 図表57-2

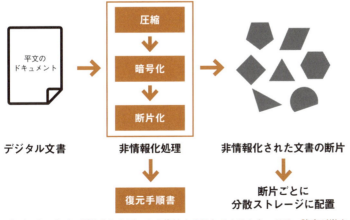

生データでなく、断片化したデータを格納することでよりセキュリティ強度が増す

コンテントアドレスは応用範囲が非常に広い手法です。次レッスン以降の事例ではほぼ必須となるブロックチェーンとサブシステムとの連携方法です。

Lesson [保険分野での活用]

58 IoTとブロックチェーンで大きく変わる保険分野

このレッスンのポイント

保険分野へのブロックチェーン適用の鍵は、IoTやセンサーネットワークの充実です。これらによって、エビデンスデータの真正性をブロックチェーンで保証することで、保険料の審査や評価がスマートコントラクトを通じて自動的に行われるようになるでしょう。

Chapter 8　ブロックチェーンが活用される世界を想像してみよう

ブロックチェーンをライフログ保管庫として活用

保険契約においては、料率などを算出するため契約者の健康データや行動データの取得と分析が欠かせません。一方で、契約者にとっては毎月の保険料が適切なのか、事業者にとっては保険金の支払いは適切か、といった支払いに関する根拠があいまいな状況であるケースも多いでしょう。

このあいまいさをなくすために、ブロックチェーン上に記録されたデータの活用が考えられます。たとえば医療保険の場合は健診データと個人データをブロックチェーン上に保管し、契約時にひもづけることで適正な料率が設定されるでしょう。

損害保険の場合は、自動車が取得するさまざまな走行ログデータをブロックチェーン上に記述していけば、どちらが何キロで走行していたか、交通ルールを遵守していたか、ドライバーはどんな体調だったかといった責任の所在が明確になります。また証言と行動が食い違った場合に突き合わせることが可能になるでしょう。

▶ ライフログ保管庫の応用例　図表58-1

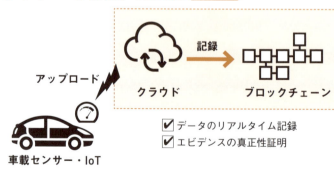

車の走行データを随時ブロックチェーン上に記録することで、エビデンスの真正性を証明できるようになる

IoTやセンサーネットワークが充実すると、そのデータをすべて記録することもできるようになりますね。

◯ ブロックチェーンで実害を集積し再保険契約に活用

保険事業者などが、自らの事業リスクを分散するために利用するのが再保険で、保険事業者に対して再保険を行う事業者を再保険会社といいます。
たとえば大規模災害などが起こると、保険金の支払いが集中し、保険会社1社では支払いきれない恐れがあります。このような場合に、支払いきれない分をほかの保険会社（再保険会社）に引き受けてもらう必要があります。高額な支払いが発生するケースでは、損害の審査や評価が複雑になりますが、ブロックチェーンを利用すれば、どこにどういう実害があったかという事実をオラクル（第7章のレッスン50参照）として集積することで、これにもとづいた再保険の評価を行うことができます。
また、複数にまたがる利害調整時にも、事業者間の政治力を排除して公正な評価を行えます。

◯ 電子カルテとブロックチェーンを連動して医療保険のエビデンスに

医療保険の場合も同様に事実の評価が重要になります。たとえば、電子カルテと連動することで、カルテに記録のあった事実をエビデンスとして保険適用時の評価を行えます。
保険の契約時においても、ブロックチェーン上のライフログと結びつけることによって、外交員はより適切な保険を提案でき、結果として保険会社の支払いリスクが下がるため、保険料の減額にもつながるでしょう。

◯ これからの保険業界を考えよう

ブロックチェーンが社会インフラになり、ライフログなど個人情報をブロックチェーン上に保存するようになると、自分にひもづいたデータを自分でコントロールできるようになります。自分のデータをいつ誰に見せたかも管理できるでしょう。
このような取り組みは「情報銀行」などとも呼ばれており、実証実験も取り組まれている分野です。保険会社としては、保険契約などの際に契約者が自分のデータを出すことで、なんらかのメリットを受けられるようにすることが必要になるかもしれません。
たとえば保険料が安くなったり、インセンティブを付与したりといったことは、契約者にとってメリットに感じられるでしょう。また、ネット保険の事業者では、外交員を置いていないところが多いですが、ブロックチェーンや人工知能によって最適な保険を簡単に契約できるようになれば、外交員の活躍する場はますます減っていくでしょう。

> エビデンスの真正性を担保する仕組みにブロックチェーンを活用して、AIとスマートコントラクトを駆使すると、従来の仕事の質がもっとも変わる業界の1つといえますね。

Chapter 8　ブロックチェーンが活用される世界を想像してみよう

Lesson [流通分野での活用]

59 流通のトラッキングに活用する

このレッスンの
ポイント

ブロックチェーンの特徴の1つである、**情報追跡性（トラッキング）**を活用できる業界として、流通や貿易分野があります。トラッキングによって、消費者に安全・安心を届けることができます。この特徴をどのように活用できるか考えてみましょう。

○ ブロックチェーンを流通トラッキングに利用する際の課題

流通分野は、ブロックチェーンの利活用先として多くの企業が注目している領域です。生産者から消費者までのサプライチェーンにおける物の流れをブロッチェーン上に記録しようと、世界中で実証実験も行われています。
コスト削減が業界全体の課題となるなかで、過剰なセンサーをつけて流通コストを上げてしまうのは本末転倒です。そのため、流通の追跡についてはクリアすべき課題が大きいのが現状です。流通の中間オペレーションごとに追跡情報をなんらかの形で記録しないとならないのです。

○ 実際の取り組みがはじまっているブランド品のトラッキング

たとえば宮崎県綾町で行われているプロジェクトに、ブロックチェーンを用いた野菜の追跡があります。生産者による植えつけから収穫までの作業、出荷してどういう経路で消費地まで来たかを記録していくプロジェクトです。
先端的なプロジェクトとして注目されていますが、中間オペレーションが非常に煩雑で、この取り組みが全国的に広がるかは不透明です。

流通の情報追跡を行うためには、中間オペレーションのコストが、それを行おうとする商品に見合うかの検討が必要です。

⬤ 流通の信頼性を担保

前述した流通のトラッキングは、ブロックチェーンの利点をうまく活かした取り組みですが、多大なコストをかけてでもやるべきかどうかは検討する必要があります。たとえば、高額商品であったり人命に関わる部品であったりといった場合はコストをかけてでも活用すべきでしょう。

しかし、実際に流通現場での適用を考えると、それ以外の比較的低廉な商品については、全経路のトラッキングでなく、入り口と出口（出荷時と小売時）での照合であれば最低限のコストで済むため、一定の需要を起こせる可能性があります。

たとえば、メーカーが作ったものと末端の小売店が入手したものが同一かどうかを検査する、真贋判定に利用するのは現実的といえます。このような仕組みは、製品指紋技術といわれる真贋判定技術を応用します。製品指紋技術とは、まったく同じように見える製品1つ1つであっても、拡大鏡で検査すれば製造痕跡レベルでの個体識別が可能となるため、これをブロックチェーンに記録しようという試みです。

▶製品指紋技術とブロックチェーン技術を応用した真贋鑑定　図表59-1

製品を拡大鏡レベルで見たときの製造痕跡などの特徴のデータをブロックチェーンに記録して製品の個体を識別

発展途上国などの成熟していない社会では、商品流通の途上で正規品と模造品が差し替わるトラブル（サイレントチェンジ）がよく起こるので、偽物対策としてニーズが高いと思われます。

👍 ワンポイント　製品指紋技術とは？

製品指紋とは、拡大鏡などで検査して製造痕跡レベルでの個体識別を行う技術です。最近では、スマートフォンのカメラの性能が上がったので、各社がスマートフォンを使っての真贋鑑定技術を開発しており、その用途は、工業製品はもちろん、紙の繊維や印刷インクを見ての印刷物の真贋鑑定技術にまで広がっています。

Lesson 60 ［エンターテインメント分野での活用］
オンラインゲームでトークンを活用する

このレッスンのポイント

オンラインゲームでやりとりされるアイテムなどはそれ自体がトークンであり、ブロックチェーンの適用領域としての相性のいい分野です。また、そのトランザクションの巨大さゆえ、**ミッションクリティカル分野の実証実験場**としてのポテンシャルも秘めています。

○ オンラインゲームの仮想空間でブロックチェーン

MMORPG（大規模な複数人参加型オンラインロールプレイングゲーム）などのオンラインゲームの世界では、武器や防具、そしてゲーム内通貨は欠かせないアイテムであり、ゲームの魅力を高める要素の1つといえるでしょう。

そして、通貨を含むゲーム内で「流通」しているすべてのアイテムは、ブロックチェーン上のトークンとして表現できます。

通常はオンラインゲームの運営者が持つデータベース上でこれらのアイテムなどを管理しています。この場合、データベースへの不正アクセスによる改ざんでアイテムが盗難される可能性がありますが、ブロックチェーン上で管理することで、このような不正手段を防げるメリットがあります。また、仮想通貨と同じように、特定のユーザーのアドレスへアイテムを送付することも可能です。

▶ トークンでアイテムを表現する仕組み 図表60-1

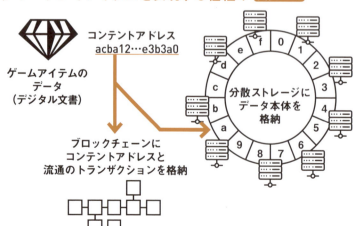

コンテントアドレスの仕組みで、ブロックチェーン上にアイテムデータを格納するのですね。

Chapter 8 ブロックチェーンが活用される世界を想像してみよう

○ ゲームインフラにブロックチェーンを適用するメリット

オンラインゲームの基盤となるネットワークインフラを構築する面でも、強固な分散ネットワークであるブロックチェーンを利用するメリットがあります。24時間365日落ちないという点は、逆にいうと、「いざというときに容易に止められない＝止めてじっくりメンテナンスできない」というデメリットでもあります。しかし一般的には、止められないこと、すなわちインフラの稼働率が高いのは評価すべきことです。

ブロックチェーンは未成熟なところも多い技術ですが、ゲームの世界はそのような技術を投入する実験にもうってつけです。特にMMORPGなどであれば、数千人、数万人が同時にアクセスしている状況というのは日常茶飯事でありながら、何か失敗があったとしても「ごめんなさい」がどうにか通じる世界でもあります。

よくブロックチェーンの弱点としてスケーラビリティやパフォーマンス面が指摘されますが、過酷な環境で好きなだけ実験を繰り返せれば、今よりもっと高効率で高回転型の業務システムを作り上げられるでしょう。つまり、ミッションクリティカルなシステムをいったんゲームの社会のなかで動かしてみてはどうかという提案です。

> ゲーム内のトランザクション量はあなどれません。特にネットワークゲームでは、敵モンスターの討伐イベントが頻繁に起こり、その瞬間に通信されるデータ量や、消費されたり付与されたりするアイテム数は、証券取引システムにも匹敵します。

○ ゲームの世界とリアルの世界の境目があいまいに

オンラインゲームのなかで使われているワールド内通貨の表現などは、まさにブロックチェーンが得意とするところです。そのほかにも、ゲーム内で使われる装備アイテム、ドロップアイテムなども仮想通貨の技術を使えばトークンとして表現でき、誰がそのアイテムの持ち主なのかを常に管理できるようになります。

そして、仮想空間で仮想のお金のやりとりができるウォレットアプリ（＝アイテム・ストレージシステム）を作れば、ゲーム内での獲得アイテムを、現実の世界で取引することだってできるでしょう。

> ゲーム内にアイテムを換金できる仮想通貨交換所ができたり、仮想空間内に支店を持つ銀行ができたりしたっておかしくないわけです。

Lesson

61 [コンテンツ流通での活用]
コンテンツのDRMを ブロックチェーンで実現する

このレッスンの
ポイント

トークン所有者に限り任意操作を許可する仕組みを実現できるブロックチェーンの利点を応用すると、デジタルコンテンツ流通に欠かせないDRMも実現可能です。ただしブロックチェーン単体では不可能です。ここではそれに必要な構成や課題について学びます。

ブロックチェーンでコンテンツを管理

最初にブロックチェーンを使ってコンテンツの管理が可能かを考えてみます。まず、ブロックチェーン単体でコンテンツを保存する十分な容量を確保するのは難しく、コンテンツ全体の保管はできません。そのため、なんらかのサブシステムとの連携が必要です。そこで登場するのがレッスン57でも登場した「コンテントアドレス」をベースにしたファイルシステムです。これは、コンテンツ自身のハッシュ値をベースにアドレスを作り、ファイル名の代わりにそのアドレスを使ってデータを保管するという考え方です。

具体的な実装としてはIPFS（The InterPlanetary File System：惑星間ファイルシステム）が、ブロックチェーンと連携性のいいものとして有名です。

▶トークンを持っている人だけがダウンロードして再生できる 図表61-1

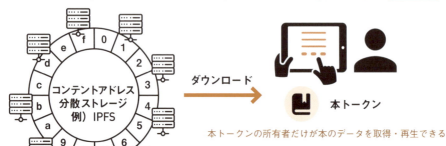

本トークンの所有者だけが本のデータを取得・再生できる

大きなメディアファイルの本体を、IPFSのようなファイルシステムに格納し、ブロックチェーンにはそのアドレスだけを保管するという方法はベストプラクティスの1つです。

デジタルライツマネジメント(DRM)の実現は可能か?

デジタルライツマネジメント(DRM)とはデジタルコンテンツの権利管理を行うシステムです。本来の目的は「誰に、どのコンテンツを読ませるかの権限を管理し、制御する」ことです。しかし残念ながら従来のDRMはコピー防止にばかり気をとられているものが多く、本質的な目的を果たすものがありませんでした(一部あっても、ベンダー固有の仕組みにより互換性がなかった)。そうでなければ、実際には誰にでもアクセスできるが、所有者情報を明確にして心理的な障壁を作るソーシャルDRMやフェアプレイDRMといった仕組みにとどまっていました。そこで考えられるのが、ブロックチェーン技術を応用した新しいタイプのDRMです。

ブロックチェーンを応用するDRMの仕組み

ブロックチェーンの得意分野の1つとして、トークンの所有者に限り、任意の操作を許可する仕組みを暗号学的に実現できる点が挙げられます。

これをどうDRMに生かすか考えましょう。まずは、コンテントアドレスベースファイルシステムを応用して、秘密分散ストレージを構成します。秘密分散ストレージとは、ファイルを「圧縮」「暗号化」「断片化」して複数のピースに分散して保管しておき、特定のトークンを保有している人だけがこのピースを収集してファイルを復元できる仕組みです。また、トークンを移転すればその権限も移転し、たとえば電子書籍を図書館のような場所で貸し借りするような用途にも対応できるようになるでしょう。

▶ 図書館で電子書籍を貸し出す 図表61-2

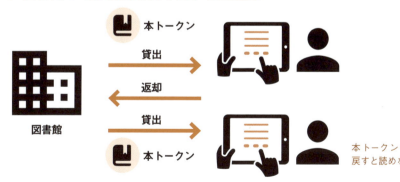

本トークンを図書館に戻すと読めなくなる

この DRM 方式を本当に実現しようと思ったら、リーディングシステム(電子書籍リーダー)のレベルでの実装が必要になります。しかしほかのベンダー依存の DRM と異なり、復元手順のプロトコルをオープンにしても問題がないのが重要なポイントです。

Chapter 8 ブロックチェーンが活用される世界を想像してみよう

209

Lesson **[広告技術での活用]**

62 ブロックチェーンで広告技術が新たな革新を得る

このレッスンの
ポイント

広告分野へのブロックチェーン応用は、<u>配布したトークンが転々と流通可能であるという特性</u>と、<u>その流通過程を追跡できるという特性</u>を用いて、マーケティングに生かそうという試みが中心です。それに加えて、さまざまなトークン配布のノウハウを紹介します。

Chapter 8　ブロックチェーンが活用される世界を想像してみよう

○ ブロックチェーンで価値を転々流通させる

広告・マーケティング分野へのブロックチェーン活用も有望視される分野です。たとえば「クーポン」「スタンプ」「ポイント」「チケット」あるいは「回数券」のような、商業的な価値を持ったトークンを転々流通させることが可能になるという点だけをとっても、これまでとまったく異なる広告体験を利用者に与えられます。

これまでは、クーポンを発行・配布したとき、それが実際には店舗に行く気のない人に渡ってしまうと、そこでクーポンの役割は終わりでした。

ここでブロックチェーンを使っていれば、<u>クーポンを受け取った人は、実際に利用しそうな別の人にそれを譲ってあげることができます。そしてさらに、譲り受けた人が実際にクーポンを使ったなら、クーポンを譲った人にはインセンティブとしてポイントが自動付与されるような仕組みも作れます。</u>

▶ クーポンが転々流通するイメージ　図表62-1

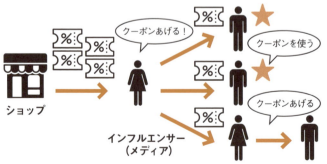

クーポンの形態としてはQRコードなどが考えられる

友達の多い、いわゆる「インフルエンサー」をうまく組織して、彼らにクーポン配布を委任する仕組みができれば、効率的にクーポン配布ネットワークが構築できそうです。

○ ウォレットアドレスは会員登録を必要とせず計算で生成できる

ブロックチェーン上でトークンをハンドリングするウォレットアドレスは、計算によって誰でも生成できるという特徴を持ちます。つまり、事前の会員登録は必要なく、ウォレットアドレスさえ生成できる状態であれば、いきなり広告向けのトークンを配布できるのです。これも広告ビジネスと相性のいいところです。

たとえば、行動トラッキングと連携したアフィリエイト型のインセンティブ広告の施策を行いたいときなどには大きな威力を発揮するでしょう。
ウォレットアドレスさえあればインセンティブを付与できるので、会員登録不要かつ無記名状態のままでもインフルエンサーのネットワークを構築できます。

○ 店舗が自主的に種をまく、草の根的なトークン配布

すでに行われている例を挙げます。イングレスやポケモンGoのように、地図の上にビットコインのような価値のある仮想通貨を「お宝」としてわざわざ落としておいて、GPSでそこに近づくと、そのお宝をゲットできる「takara」といったリアル宝探しゲームがあります。

たとえば集客をしたいバーの店主が、自分の店に仮想通貨を配置して、その宝探しゲームのマップに置いて告知すれば、それを欲しい人がゲーム感覚で訪れるといったものです。

○ トークンの一斉大量配布技術

ブロックチェーンを広告に利用するからには、トークンの一斉大量配布技術が欲しいところです。富士通とカレンシーポートが共同開発したトークンの一斉大量配信技術に「可視光にIDを埋め込む技術を応用したトークン配布」というものがあります。埋め込まれるIDは、人間には感知できない程度の微弱な変化を光に与えることで発生させる、一種のステガノグラフィー（データ隠蔽）技術を使います。すでにこの技術を用いたスタンプラリーなどが実践投入されはじめています。
たとえば、野球場など何万人もの観客がいるスタジアムの照明にIDを埋め込んでおけば、グラウンドを撮影するだけでスタンプがもらえます。また、テレビ番組やCMのような何百万もの人が同時に見ている映像にIDを埋め込んでおけば、これを撮影することでクーポンがもらえます。このようなトークンの一斉配信ができるのです。
この技術では、時間や場所さらには光の種類なども限定できるため「実際にその場にいた人だけ」にトークンを付与できるというメリットもあります。

> ブロックチェーンの活用は単体ではなくサブシステムとの連携が重要という好例ですね。

Chapter 8　ブロックチェーンが活用される世界を想像してみよう

Lesson [仮想通貨で資金調達]

63 新しい資金調達方法「ICO」について知ろう

このレッスンのポイント

新しい資金調達方法として最近脚光を浴びているのが「ICO」(Initial Coin Offering)または「クラウドセール」と呼ばれる仮想通貨建ての資金調達方法です。ICOは、本レッスン以降のユースケースにおいて親和性が高いため、そのパターンをいくつか紹介します。

ICOのパターン

ICO（Initial Coin Offering）は、企業や事業が仮想通貨やトークンを発行し資金調達をすることです。昨今では、「たった数分で数十億円相当の調達！」などとメディアをにぎわせていますが、ICOの形態にはいくつかのパターンがあります。まずはこれを整理します。

ポイントはパターンごとに適用される法律が異なるという点です。「トークンを利用しているから、非中央集権だから、国籍のないプログラムで動くから、法から逃れられる」と考えるのは明らかに誤りです。それぞれの型を実現するために仮想通貨やブロックチェーンの技術を用いているに過ぎず、いずれのパターンを選択するにしても、それに応じた法律を遵守する必要があります。

▶ ICOのパターン 図表63-1

①エクイティ型（種類株：株式などを発行する資金調達方法）
②デット型（公募債：返済義務のある形の資金調達方法）
③サービス利用権との引換券型
④リソースを区分所有する権利を証券化する型

ICOは、「資金調達」の文脈で語られることが多いので、直観的に①や②の方法を思い浮かべがちだが、実際には③や④が主流となる

アメリカ証券取引委員会（SEC）は、Ethereumブロックチェーンのスマートコントラクト上に構築された非中央集権型自律組織「The DAO」（第7章参照）が発行したDAOトークンは「証券である」と明言しています。

◯ 市場の影響を受けやすいエクイティ型

エクイティ型（種類株式発行）は、いわば株式発行のようなものです。未成熟なスタートアップやベンチャー企業がこの手法を使ってしまうと、市場の価格変動によって事業がやりにくくなってしまう懸念があります。企業がしばしば直面する方針転換は、ステークホルダーが増えると難しくなってしまうためです。どうしてもエクイティ型にするなら「議決権のつかない種類株式」の発行とするのが現実的でしょう。

◯ 手続き面ではデット型が有利

デット型（公募債）は比較的ICO向きといえます。私募債なら手続きは簡単ですが、勧誘制約がかかるため、不特定多数に告知したいなら公募債にする必要があります。国内で行うためには、財務局に有価証券報告書を提出する必要がありますが、1億円未満なら届出でかまわないので手続きは簡略になります。エクイティとは違ってステークホルダーに事業を振り回されることがないのも利点です。しかし、わざわざデットでICOする理由は「いいたいだけ？」という気もします。

◯ 実績の多い引換券型

サービス利用権との引換券型はどうでしょうか？ FactomやEthereumといった仮想通貨がこのタイプによるICOで資金を調達しました。実際に値もついて、実績のある堅実なICOは、ほとんどがこのサービス利用権型または引換券型です。たとえばFactomの場合は、ドキュメントの存在証明を施すための権利との引換券を、Ethereumの場合はスマートコントラクトを実行するための燃料との引換券を発行しました。

◯ リソースを区分所有する権利を証券化する型

いわゆるシェアリングエコノミーと相性がいいタイプです。これを考えるなら「リソースを区分所有する権利を証券化したICO」が向きます。
たとえば、多くの駐車場のオーナーと契約できるなら、その1区画ごとの駐車場リソースを区分所有する投票権を「駐車場コイン」を販売し、その持ち分に応じて分配するなどというアイデアです。

> 「詐欺ICO」、語る価値もないですが、残念ながらこれが一番はやってしまうでしょう。特徴としては、セミナーを開催したり、代理店販売していたりして、裏づけになっている企業やモノに特段の価値が見いだせないものがほとんどです。

Lesson 64 ［IoTとブロックチェーン］
トークンを使ってIoTデバイスを制御する

このレッスンのポイント

IoTを使ってセンサーデータを収集してブロックチェーン上に記録する例はすでに紹介しましたが、このレッスンでは、ブロックチェーン上に発行されたコイン（トークン）を、ウォレットの機能を組み込んだIoT機器宛に送付することで機器を制御する事例を取り上げます。

○ IoT機器にコインを支払うと使用権が得られる仕組み

福岡県のベンチャー企業ナユタ社が開発した、IoT機器に仮想通貨のウォレットアドレスを割り当てることで、自動的に使用権を制御するシステムがあります。

電源ソケットはスイッチのオンオフをブロックチェーン技術で制御できることを示す一例です。しかしこれだけの機能でも、部屋のドアやロッカーの鍵などに応用すれば、たとえば民泊の鍵渡しが簡略化されます。さらにスマートコントラクトと組み合わせることで鍵の発行と認証までが全自動でできるようになるため、利用の直前まで予約を受けつけられるようになります。

▶ ナユタ社のブロックチェーン×IoTコンセントの例　図表64-1

電源ソケットの持ち主が、使用日時などの使用権をコントロールできる

ビットコインを送ると一定期間だけ電源が使えるようになるデモンストレーションです。1つ1つの挿し口がウォレットの機能を持っており、そこに所定のビットコインを送付すると、自動的にコインの受信が検知され、電源の利用権を得られるようになっています。

◯ トークンに制御シーケンスデータを持たせることも

先ほどは、コインを受け取ると単純にスイッチをオンオフするような動作による使い道を示しました。これを分散ストレージと連携することで、コイン（トークン）にはさらに複雑な制御情報を持たせられます。たとえば楽器や照明などの機材を制御するための「MIDI」という規格のデータを持たせたトークンを作り、ウォレットの機能を持った楽器がこれを受信すると、トークンの内容にある音楽を自動演奏しはじめるような演出も可能です。

このアイデアを発展させると、所定の仕事を行うようプログラミングされた機械にトークンを送れば、自動的に仕事をさせることも可能でしょう。その機械の動いた結果を受けて、さらに別の機械が続きの仕事をする。というように、経済活動が連鎖的に起こる日がやってくるかもしれません。

▶ M2M（マシン対マシン）の支払いが普通になる未来　図表64-2

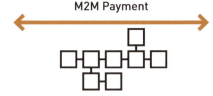

トークンに制御情報を持たせて、IoTデバイスどうしで経済活動を行う

> 将来、仮想通貨は「人と人」との支払いに使われるだけではなく「人と機械」あるいは「機械と機械」の取引を自動実行するために利用される世界がやってくるでしょう。

◯ クリアしなければいけない技術課題もある

夢のあるような、怖いような「ブロックチェーン×IoT」の世界ですが、これが実現するには乗り越えなければならない大きな課題が1つあります。それは、ブロックチェーンのスケーラビリティの問題です。

ブロックチェーンはその合意形成と複雑なデータ構造のため、1秒間に何百回・何千回という高速処理を行うのが苦手です。これを克服するための仕掛けはいくつか提案されていますが、一番注目されているのが「ブロックチェーンセカンドレイヤー」と呼ばれる技術群です。これはブロックチェーンにリンクされた別の層で高速に支払いなどの処理を行い、一定期間の取引をネッティングして（まとめて）しまおうという考え方です。

このようなセカンドレイヤーのリンク技術が発達すれば、ブロックチェーンは現在よりも、何千倍も何万倍ものトランザクション量を扱えるようになります。

Lesson 65 ［シェアリングエコノミー］
シェアリングエコノミーへのブロックチェーンの応用

このレッスンのポイント

物やリソースなどを所有せずに共有しあう[シェアリングエコノミー]。ブロックチェーン上に発行されたトークンを利用することで、その使用権を管理することができます。また、レッスン63で紹介した「ICO」にもっとも親和性の高いカテゴリーです。

○ シェアリングエコノミーとは？

かつて「シェア」といえば、1つのリソースを何人かで区分所有または、共同賃貸することで、使用にかかる経済的負担を分散することが主目的でした。しかし昨今はむしろ、リソースオーナーが不特定多数の利用者宛に時間に応じた使用権を割り当てて、その期間中だけ貸し出すというビジネスとしての側面のほうが注目されるようになってきました。後者のようなビジネススタイルを「シェアリングエコノミー」といいます。

そのシェアリングに必要な「使用権のコントロール」を実現するソリューションとしてブロックチェーンは相性がよく、たとえば家の鍵を開けるための権利をトークンで発行して、レッスン64で触れたようなIoTデバイスのウォレット宛に、トークンを送ることで、設定された期間中だけ鍵を開ける権利を得るというようなことが実現できます。

▶ シェアリングエコノミーへの応用イメージ　図表65-1

たとえば民泊の場合、「部屋の鍵を開ける権利」をトークンに持たせることができる

○ 転貸やサブリースの概念が変わる

契約上、転貸やサブリースは貸主が嫌がるケースが多いのが現状です。しかし、世の中の流れとして、シェアリングエコノミーが台頭してくると、リソースの有効活用方法や社会還元として、転貸やサブリースなどを考えようという流れが起こりはじめました。

貸主が転貸やサブリースを嫌がる大義名分として、反社会的勢力や公序良俗に反する者などにまた貸しされては困るという理由が挙げられると思います。貸主からみると、本来自ら得られるはずの利益が、少なからず他人に奪われる行為のように映る側面もあり、心情的な抵抗もあったことでしょう。

しかし、「転貸の審査過程に貸主が関与できて、転貸による利益の一部も自動的に分配される」という取引条件がつけられるとしたらどうでしょうか？

ブロックチェーンで発行するトークンは権利管理を可能とするほか、その権利を転々流通させることもできます。そうすると現使用権が誰に渡っているのかが明確になるため、この特徴を生かすことで、リソースの所有者は二次流通からも利益を得ることができるわけです。

> シェアリングエコノミーとは異なりますが、転売が問題になっている「チケット販売」にも同様の考え方が応用できますね。

○ ICOとの相性がいいリソースシェアリング

たとえば、貸し駐車場を運営する会社が、新しい駐車場開発のためにICOを行う計画を立てたとします。その用地1区画ごとの持ち分を得る権利として「駐車場コイン」なるものを発行し、この区画の駐車場代による利益を持ち分に応じて分配しようという考えです。

このICOに乗って「駐車場コイン」を欲しいと思う人は、たとえば、その区画のある近隣に地の利がありながら土地は持っていない、しかし需要予測はできるから、もしコインを持つだけで利権が得られるなら、お小遣い稼ぎのために少し投資してみたいと考える人でしょう。このような例は、アイデア次第でいろいろリソースのシェアリングに適用できますね。

> 「自動販売機コイン」なんてどうでしょう？ 自動販売機の販売価格を決められたらゲーム性もあり楽しそうです。その売り上げを分配できると「自分がファンの自動販売機」みたいな感じで、企業コインとしての側面も見えてきますね。

Lesson [電子投票システム]

66 トークンで電子投票システムを実現する

このレッスンのポイント

ある特定グループのメンバー（たとえば選挙権を持つ人）が署名したことは証明できるが、そのうち誰が署名（投票）したのかはわからないという特性を持つ「リング署名」という署名技術を組み合わせると、ブロックチェーンの仕組みを選挙用途に応用できます。

○ 電子投票選挙システムが実現する

インターネットが普及して以来、これまで何度も検討されては実現できなかった電子投票選挙システム。その課題としてクリアが難しかったところはおそらく、「有権者の管理」と「匿名投票」という相反する要件を両立しなければならなかった点と「投票券の複製ができてしまう」という点が大きかったのだろうと思います。

しかし、ブロックチェーンに加えて「リング署名」（レッスン24参照）という匿名署名技術の助けを借りれば、これらの要件が両立できるでしょう。選挙権をトークンとしてブロックチェーンに発行し、あらかじめ有権者に配布するようにして、これをもって立候補者のウォレット宛に投票させるのです。これで「1人1票」を確実に実施できます。まさに「選挙」にうってつけの特徴を持つ仕組みを実現することが可能です。

▶ 電子投票選挙システム 図表66-1

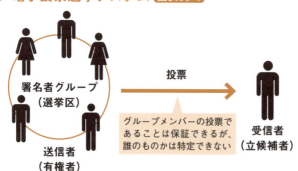

投票者は、グループ（自治体）のメンバー（選挙権を持つ住人）で、署名（投票）した事実の証明をすることができる。しかしそれぞれの票がどの有権者によるものなのかをけっして特定できない。さらに即時開票が可能である、という仕組みを実現できる

アイドルグループの総選挙など、エンタメ用途であれば多少不正があっても許されるかもしれませんが、地方選挙や国政選挙では不正はけっして許されません。二重投票を確実に防ぎながら、匿名選挙が可能な仕組みへの道を開いたのは非常に大きな前進です。

Chapter 8 ブロックチェーンが活用される世界を想像してみよう

ブロックチェーン上に投票券をトークンとして発行

オンライン選挙投票を実現するにはまず、投票券をトークン化することです。

投票券トークンは、選挙管理委員会が有権者の数だけ発行したものを、それぞれ有権者の持つ選挙用ウォレットアドレス宛になんらかの方法で送付することからはじめます。

もし紙の投票「券」と共存させるなら、投票「権」を2回行使されないようにする工夫も必要でしょう。

しかしこのあたりの問題解決は技術的にはそれほど難しくはありません。

オンライン選挙投票の一番のメリットはやはり、有権者が投票所に行かなくても投票を済ませられるようになることでしょう。たとえば、期日前投票への活用はもちろん、テレビやパソコン、選挙ポスターに向かって投票できるようにするのも1つのアイデアですね。

▶ 投票券のトークン化　図表66-2

第○○回　選挙ポスター掲示所

選挙ポスターのQRコードを撮影するだけで投票できるようになる

選挙投票が身近なものになる

オンライン選挙投票の仕組みは、当然のことながら国政選挙だけではなく、バラエティ番組や報道番組などで、視聴者との連携を図る施策にも使えるかもしれません。

たとえば、テックビューロ社の協賛により放映されたバラエティ番組「ビットガールズ」では、ICOの要領であらかじめ投票用のトークンを販売し、そのトークンの所有者は、自分の好きな女性タレントにトークンを投票すると、女性タレントにポイントが貯まるような仕組みを作りました。それだけではなく、その投票を得た女性タレントが自分の芸を磨くことで、さらに人気が出て時価総額が上がるような仕組みまで取り入れられていました。見た目は軽い番組でしたが、投票に株式の仕組みを掛け合わせたような巧みな構成で、社会と経済の仕組みを体験できる面白いコンテンツに仕上がっていました。

このような仕組みは、番組と連動した視聴者参加型のリアル山分けクイズや、リアルタイムの世論調査への応用などアイデアでいろいろなバリエーションが作れそうですね。

> オンライン選挙が当たり前になると、選挙戦略もずいぶん違ったものになりそうな予感がします。

COLUMN

本書から次のステップへ

さて、本書の内容はいかがでしたでしょうか。
「いちばんやさしい」と表題にありながら、ブロックチェーン自身が単体でも理解が難しい暗号や数学、あるいはデータ構造、P2P通信、分散ネットワーク、合意形成など多岐にわたる技術を巧妙に組み合わせて成り立つものです。「正直、おなか一杯になったものの、消化不良になってしまった」と感じる人も少なくないのではないかと思います。
たとえば5段階評価で、本当に初心者が求めるものを1として、バリバリの上級実務者が求めるものを5とするならば、本書は2からはじまって4の少し手前あたりまで連れて行けるような内容にはできたかなと思います。

ブロックチェーン関連の書籍といえば、これまでは1〜3あたりまでをさらりと語る本や、3〜5あたりを深く掘る本はいくつかありました。しかし、その間をフォローできるような書籍は、あまりなかったと思うのです。
本書を手にとった人に申し上げたいことは「この本で得られる知識は基礎的なものなので、もっと深く応用編を学びたければ、ほかのより専門的な書籍を手にとるか、講習会などで勉強してくださいね」ということです。
そこで、読了して得たであろう感想レベル別に、次に求めるべきいくつかの書籍や講習会をご紹介します。

▶「思ったより難しかった」と思った人におすすめの本

『いまさら聞けないビットコインとブロックチェーン』
大塚雄介 著（ディスカヴァー・トゥエンティワン発行）

▶「もう少し本格的な内容がよかったな」と思った人におすすめの本

『ビットコインとブロックチェーン 〜暗号通貨を支える技術〜』
アンドレアス・M・アントノプロス 著 今井崇也／鳩貝淳一郎 訳（NTT出版発行）

『ブロックチェーン イーサリアムへの入り口』
日本電気株式会社 金融システム開発本部 金融デジタルイノベーション技術開発室 著、コンセンサス・ベイス株式会社 著（Amazon Services International, Inc.発行）

▶「これから実践的に取り組みたい」と思った人におすすめの講座

ブロックチェーン大学校
ビットコイン、ブロックチェーン関連のエキスパート技術者を育成します。
学長 兼 代表取締役 ジョナサン・アンダーウッド
https://blockchaindaigakko.jp/

できるだけたくさんの事例を紹介したかったので第8章は少々駆け足になってしまいましたが、この本から着想を得た読者のみなさんが、より多くの事例を生み出すことを期待しています。

索引

B
BFTアルゴリズム	114

C
CAP定理	102
Certification Authority	84
Code is Law	179

D
DAC／DAO	177
DRM	209

E
ECDSA	71
Ethereum	174, 179

G
GPKI	85

H
Hyperledger Fabric	174

I
ICO	212, 217
IoT	202, 214

P
P2Pネットワーク	98
P2P分散ネットワーク	99, 100
PKI	85
Proof of Stake	113, 116
Proof of Work	113, 115, 118

R
R3 Corda	174
RBF	166
RSA	71

S
SHA256	77, 79

U
UTXO	146

X
X.509	86

あ
アルゴリズム	78
暗号	64, 66, 72
暗号通貨	162
暗号方式	66
一方向ハッシュ関数	76
ウォレット	37, 39, 122
ウェブウォレット	41
取引所のウォレット	43
ペーパーウォレット	44
モバイルウォレット	42
ウォレットアドレス	122, 131
公開鍵	123
構造	125
生成	124
秘密鍵	123
ウォレットアプリ	122, 128
エニグマ	93
オラクル	184

か
階層型決定性ウォレット	135
外部情報	182
仮想通貨	18, 192
仮想通貨交換業	47, 190
カラードコイン	145
キーサインパーティー	83
企業通貨	194
擬似乱数	73
共通鍵暗号	67, 70
クリプトカレンシー	163
経済インセンティブ	113
決定性ウォレットアドレス	132
コールドウォレット	136
コインエイジ	116
コインベーストランザクション	149
合意	110
公開鍵暗号	67
交換所	48
子鍵導出関数	134
コンテンツ	208
コンテンツアドレス	106, 200

さ
サトシ・ナカモト	33

シード	73
シェアリングエコノミー	216
ジェネシスブロック	32
資金決済法	47
シュノア署名	94
証憑書類	200
自律分散型組織	178
スマートコントラクト	170, 172, 182, 186, 214
ゼロ・コンファメーション	165, 167

た

タイムスタンプ	88, 90
ダブルスペント	164
地域通貨	196
中央集権型システム	112
デジタルトークン	194
電子証明書	84
電子署名	80
検証パターン	81
電子マネー	192
トークン	194, 215
投票	218
トラッキング	204
トランザクション	60, 106, 144
合意	150
構造	158
順序性	154
承認	151
タイムラグ	151
投かん	150
メモリプール	151
取引口座	39, 46
取引所	48, 49

な

ニーモニック	133
二重送金	164
ノード	98

は

ハードウェアウォレット	139
ハードフォーク	120
ハッシュ関数	77
耐衝突性	78
ハッシュ値	77
パブリックチェーン	26, 111, 173
ビザンチン将軍問題	111
ビットコイン	32, 38
税金	51
発行計画	35
マイニング報酬	35
リスク	54
秘密鍵	68
ファイナリティ	152
フィンガープリント	82
フォーク	118
復号化	64
プライベートチェーン	26, 112, 173
ブロック	32, 160
トランザクション部	160
ブロックヘッダー部	160
ブロックチェーン	12, 56
ウォレットアドレス	22
定義	14
ネットワーク	20
ブロックチェーンセカンドレイヤー	215
分岐	109, 118, 153
分散型システム	112
分散型台帳技術	15, 16, 146
分散タイムスタンプ	89
分散ネットワーク	98
法定通貨	192
ホットウォレット	136

ま

マークルツリー	159
マイナー	51
マイニング	34
マルチシグネチャアドレス	140
メモリプール	151

ら

乱数	72
リング署名	92, 218
ルートシード	133

ら

ワールドステート	175, 176

● スタッフリスト

カバー・本文デザイン	米倉英弘（株式会社細山田デザイン事務所）
カバー・本文イラスト	あべあつし
撮影協力	渡　徳博（株式会社ウィット）
編集協力	内藤貴志
	山本誠志
DTP	西嶋　正
デザイン制作室	今津幸弘
	鈴木　薫
制作担当デスク	柏倉真理子
デスク	田淵　豪
編集長	藤井貴志

本書のご感想をぜひお寄せください

http://book.impress.co.jp/books/1116101128

「アンケートに答える」をクリックしてアンケートにご協力ください。アンケート回答者の中から、抽選で**商品券（1万円分）**や**図書カード（1,000円分）**などを毎月プレゼント。当選は賞品の発送をもって代えさせていただきます。はじめての方は、「CLUB Impress」へご登録（無料）いただく必要があります。

※アンケート回答、レビュー投稿でプレゼントが当たる！

読者登録サービス　登録カンタン　費用も無料！

■読者の窓口
インプレスカスタマーセンター
〒101-0051
東京都千代田区神田神保町一丁目105番地
TEL 03-6837-5016 ／ FAX 03-6837-5023
info@impress.co.jp

■書店／販売店のご注文窓口
株式会社インプレス 受注センター
TEL 048-449-8040 ／ FAX 048-449-8041

本書の内容に関するご質問は、書名・ISBN・お名前・電話番号と、該当するページや具体的な質問内容、お使いの動作環境などを明記のうえ、インプレスカスタマーセンターまでメールまたは封書にてお問い合わせください。電話やFAX等でのご質問には対応しておりません。なお、本書の範囲を超える質問に関しましてはお答えできませんのでご了承ください。また、本書の利用によって生じる直接的または間接的被害について、著者ならびに弊社では一切の責任を負いかねます。あらかじめご了承ください。

いちばんやさしいブロックチェーンの教本
人気講師が教えるビットコインを支える仕組み

2017年9月1日　初版発行

著　者　　杉井靖典
発行人　　土田米一
編集人　　高橋隆志
発行所　　株式会社インプレス
　　　　　〒101-0051 東京都千代田区神田神保町一丁目105番地
　　　　　TEL 03-6837-4635（出版営業部）
　　　　　ホームページ http://book.impress.co.jp/
印刷所　　株式会社リーブルテック

落丁・乱丁本はお手数ですがインプレスカスタマーセンターまでお送りください。送料弊社負担にてお取り替えさせていただきます。但し、古書店で購入されたものについてはお取り替えできません。

本書は著作権法上の保護を受けています。本書の一部あるいは全部について（ソフトウェア及びプログラムを含む）、株式会社インプレスから文書による許諾を得ずに、いかなる方法においても無断で複写、複製することは禁じられています。

Copyright © 2017 Yasunori Sugii. All rights reserved.
ISBN 978-4-295-00144-7 C0034
Printed in Japan